スーパーAIが人間を超える日

汎用人工知能
AGI時代の
生き方

General

竹内薫

プレジデント社

スーパーＡＩが人間を超える日

汎用人工知能ＡＧＩ時代の生き方

はじめに

人間の感情を理解するスーパーAI

近年、ＡＩ（人工知能）はこれまでにはない急激なスピードで進化し、私たちの暮らしやビジネスにおいて身近なものになりました。

さらなる進化が期待されるＡＩの中でも、いま特に注目を集めているのが「ＡＧＩ（汎用人工知能）」です。

ＡＧＩとは「Artificial General Intelligence」の略称で、人間のような高度で幅広い知能を持つ、極めて汎用性の高いＡＩです。

ＡＧＩが従来のＡＩと大きく異なるのは、まるで人間のように思考し、なおかつ人間の感情を理解する能力を持っていること。本来人間が持つ「喜怒哀楽」といった特有の感情を学習しながら自ら進化できる。まさに、万能型の「スーパーＡＩ」とでもいうべき存在がＡＧＩなのです。

例えば、仕事をしているあなたの顔色や声のトーンから疲労度を察知してコーヒーを淹れてくれたり、肩が凝ったなという表情や動作を察知してマッサージをしてくれたりするヒューマノイド型ＡＩを想像したら、何だかワクワクしてきませんか。

あるいは、今日は子どもの誕生日だから残業せずに早く家に帰りたいといったときに、「今日はお子さんの誕生日ですね。あとの仕事はお任せください」とその日のうちに片づけなければならないタスクをＡＩが引き受けてくれたら、「なんて気配りができるＡＩだ！」と、最高のビジネスパートナーとして迎え入れるのではないでしょうか。

ＡＧＩはある特定のタスクをこなす従来の特化型ＡＩとは異なり、ありとあらゆる知的活動をこなすことができるため、その応用範囲は計り知れないといわれています。

このような能力をビジネスや日々の生活に応用すれば、ＡＧＩは私たちが生きるこの世界に大きな革命をもたらす可能性があるのです。

ＡＧＩで私たちの未来はどう変わるのか？

「コーヒーを淹れてくれるだけのＡＩなら、あまり役に立たないのでは？」

そんな声も聞こえてきそうですね。

では、ＡＧＩがいったいどのようにビジネスで役立つのかについて、もう少し深く切り込んでみましょう。

人間のような高度で幅広い知能を持ちながら感情を理解する能力を持っているＡＩと聞いて、まず思いつくのがコミュニケーションの領域です。ＡＧＩが実現すると、より人間に近いコミュニケーションが可能となります。

ＡＩによるコミュニケーションと聞いて、皆さんが真っ先に頭に浮かべるのは、「ChatGPT」ではないでしょうか。

もはや説明は不要かもしれませんが、ChatGPTはアメリカのオープンＡＩ（OpenAI）が開発・提供している対話型のＡＩサービスです。２０２５年2月時点で全世界のChatGPTユーザー数はおよそ4億人を超えたと推計されています。

皆さんのなかにも、「ChatGPTを使ったことがある」という方も多いと思いますが、ChatGPTはあくまでも人間からの質問に対して答えを導き出しているＡＩに過ぎません。いわゆる「生成ＡＩ」というものです。

一方で、ＡＧＩは人間と変わらない対話が可能になると期待されています。

わかりやすい例でいえば、カスタマーサポートやコールセンターです。

従来のＡＩでは、顧客のクレームなどに対して極めてマニュアル的な対応しかできず、ときに火に油を注いでしまうケースも少なくありませんでした。

ところが、ＡＧＩは顧客のクレームに対して顧客の感情を読み取るので、最適なソリューションを提供することが可能になります。顧客の気持ちを瞬時に酌み取ることができる、いわば「忖度できる」ＡＩがＡＧＩなのです。

ＡＧＩのビジネス活用はまだまだあります。そのひとつが意思決定です。

ＡＧＩは、自主的で高度な意思決定も可能となります。

例えば、あなたがビジネスにおける重要な意思決定に迫られたとしましょう。

あなたが何かしらの意思決定を行うとき、これまで蓄積してきた知識や過去の経験、あるいは直感を頼りにするでしょう。

でも、ひとりの人間が一生のうちに蓄積できる知識量や経験数には限界があり、直感を頼りにしても時に誤った意思決定をしてしまうこともあるはずです。

そんな時、ＡＧＩを活用することで、膨大な学習データから導き出した最適な意思決定のサポートをしてくれるのです。

さらには、クリエイティブな領域にもＡＧＩは強力なサポートを発揮してくれます。これまで、「クリエイティブな分野は人間ならではの仕事」と考えられていましたが、ＡＧＩの登場によって、斬新なアイデアを生み出すのが容易になることは間違いありません。ＡＧＩは膨大な学習データを持っているだけではなく、人間の持つ欲望や満足感といった感情を考慮したアイデアを生み出すことができるため、人間には到底思いつかないようなアイデアを創造できるようになるのです。それによって文学から音楽、イラストや映像の生成といったクリエイティブな活動に大きな革新をもたらすでしょう。

詳しくは後述していきますが、ほかにもＡＧＩがビジネスにどれほどの恩恵をもたらすのか、実にさまざまな仮説を立てることができます。ＡＧＩの登場により、新たなビジネスモデルやサービスが生まれ、新たな市場が形成されることは想像に難《かた》くありません。

もちろん、ビジネスの分野だけではなく、教育や医療、科学技術などあらゆる分野でＡＧＩは大きな可能性を秘めているのです。

「夢物語から現実へ」ＡＧＩの研究開発が加速する！

では、万能型ＡＩと呼ばれるこのＡＧＩは、いつごろ実現するのでしょうか。実は、近年驚くべき発展を遂げているＡＩ分野においても、ＡＧＩは未だ実現していないのが実情です。

現在、世界のありとあらゆる企業や研究機関がＡＧＩの研究と開発に積極的に取り組んでいます。世界最先端のＡＧＩ研究開発に取り組んでいるのが「ChatGPT」を世に送り出したOpenAI、さらにはGoogleやMicrosoftなどが、ＡＧＩの実現に向けて日夜研究開発に勤しんでいるのです。

２０２５年の3月末時点でのＡＧＩに向けた進展を眺めてみましょう。

24年9月にはOpenAIが、ChatGPTのモデルo1（オーワン）において、数学オリンピックの予選問題の正答率が8割に達したと発表しました。これは私にとってはかなりの衝撃でした。なぜなら、ChatGPTが初めて公表された際には、「１００かける１００はいくつ？」という問いかけに対して、「１００万」と答える一方で、「もう一度聞くよ？　１００かける１００かける１００はいくつ？」と再考を促すと「10億」などと頓珍漢《とんちんかん》な答えが返ってきていたからです。

仕方ないので、かなり長い間、私はChatGPTが苦手な数学関連の話題を扱うときは、数学に特化したWolfram GPTを使っていました。それが、いまや、ChatGPT単体で、数学が得意になってしまったのです。

ええ？　これって、生成ＡＩがより万能になった……つまり、汎用ＡＩに大きく一歩近づいた、ということなのでしょうか。

この本を書き始めた時から1年も経っていないのに、こうやって、「はじめに」で最新の状況を追記しないといけないほど、ＡＩの進化速度は驚異的です。

ところが、この状況は、24年の12月にさらに変化しました。モデルo3（オースリー）が発表され、数学オリンピック予選の問題の正答率は9割をはるかに超え、さらには、「ChatGPTを開発しているオープンＡＩ社のプログラマーのうち、プログラミング技能においてo3に勝てるのは二人しかいない」という驚くべき状況になったのです。これはつまり、自分を開発してくれた人間たちよりも、生成ＡＩの方がプログラミング技能において互角もしくは上になった、ということです！

たとえば将棋や囲碁において、かつて起きたことを振り返ってみれば、最初は「プロに初めてＡＩが勝ちました」という状況から始まり、あっという間に、「もう人間のプロはＡＩに勝てなくなりました」となったのです。プログラミング技能においても、おそらく、将棋や囲碁と同じパターンで、近い将来、「人間のプログラマーは完全にＡＩに勝てなくなりました」という結果になるのでしょう。

よくテクノロジーの世界で「日進月歩」という言葉が使われますが、ＡＩの進化は、ますます加速しているような気がします。ＡＩはどんどん常識を塗り替えていきます。

しかし残念ながら、人間の側は、そんなにすぐにはこれまでの生活習慣を変えることができません。ＡＩが数カ月で大幅に進歩したからと言って、人間が仕事のやり方をガラリと変えて、ＡＩをうまく取り入れるのは難しいのです。となると、「バージョンアップが来た！」という瞬間から動き始めても、とうてい間に合いません。日頃から、ＡＩ関連の最新ニュースに注目し、少しでも進化の予兆を掴むようにして、いざ大きな革新が来たときには、職場の配置転換を行ったり、ＡＩで一気に業務効率を上げたりしていかないと、取り残されてしまいます。

ＡＩ先進国というと、すぐにアメリカの名が頭に浮かびますが、24年度のノーベル物理学賞がカナダ・トロント大学のジェフリー・ヒントンさんらに与えられたことからもわかるように、アメリカの隣国カナダも捨てたもんじゃありません。北米は世界のＡＩ開発の中心です。

でも、ここにきて、北米から遠く離れた中国発のディープシーク（DeepSeek）が彗星のごとく現れ、開発期間が短期で開発費用も安価だったのに非常に高性能であることがわかり、世界中に衝撃が走っています。

すると、「DeepSeekは、ChatGPTを先生役として開発された疑いがある（いわゆる「蒸留」と呼ばれ、使用規約に違反）」「国家情報法により、DeepSeekに登録した個人情報は中国政府が収集する可能性がある」「DeepSeekは、特定の政治的な事件について答えない問題がある」などという指摘がアメリカを中心に噴出し、なにやら、北米 V.S. 中国のＡＩ戦争の様相を呈してきました。

当然ですが、今後、中国企業はＡＧＩ開発に注力するでしょうから、どの国や企業が、ＡＧＩの主戦場で勝利を収めるのか、先が読めない状況になっているのです。

「ＡＧＩの世界が10年以内にやってくる」

ＡＧＩ実現の可能性については、専門家によっても意見が分かれています。

ソフトバンクの孫正義さんは、２０２３年10月４日に開催された「SoftBank World 2023」の特別講演で、ＡＧＩについて以下のような見解を述べ、大きな反響を呼びました。冒頭、「ＡＧＩが何か知っていますか」と会場に問いかけたところ、ほとんど手が上がらない状況を見た孫さんは「まず、ヤバイということを知ってください」と警鐘を鳴らし、続けてこう力説したのです。

「ＡＧＩは、人類叡智総和の10倍です。（中略）ＡＩがほぼすべての分野で人間の叡智を追い抜いてしまう、これがＡＧＩのコンセプトです。このＡＧＩの世界が今後10年以内にやってきます。そして、ＡＧＩの世界では全ての産業が変わります。教育も変わる、人生観も変わる、生きざまも変わる、社会のあり方、人間関係も変わるんです」

いかがでしょうか。ＡＩ技術における日本のキーパーソンともいえる孫さんがこうおっしゃるということは、ＡＧＩの実現も夢物語から現実へと着々と進んでいると考えて間違いないでしょう。

ただ、その一方で、ＡＧＩの実現は単にＡＩの恩恵を受けるだけでなく、深刻な社会的、経済的、倫理的な問題などを引き起こすリスクについても考えてみなければなりません。

私たちがＡＧＩの実現に向けてやるべきこととは何か、そのことを今から考えておく必要があります。

今後ＡＧＩが実現すれば、私たちの働き方や生き方さえも大きく変化するでしょう。その変化にしっかり対応していくためにも、ＡＧＩについて少しでも学んでおくことが肝要です。ＡＧＩについて理解を深めておき、実現したときにはすぐさま活用できるように準備しておく。今まさにそのような時期に差し掛かっているといっても過言ではありません。

本書がその一助になれば、筆者としてこれほどうれしいことはありません。

スーパーＡＩが人間を超える日　目次

第2章
来るべきAGI時代にどんな準備をしておくべきか

第4章 ＡＧＩが実現したら私たちのビジネスはどうなるのか？ 105

第5章 業界別、AGIが新たに生み出す人間の新しい仕事――135

ブックデザイン　高橋 忍
編集協力・構成　神原博之
カバー写真　Adobe Stock
校正　ヴェリタ

第1章

汎用人工知能AGIとは何か？

AIの研究開発の歴史をひも解く

第1章では、これまでのAIの歴史を簡単にひも解きながら、AGIと従来のAIとの違いや特徴、そしてAGIが実現することで予想される未来について解説していきます。

「そもそも、AIって何？」

まずは皆さんに、こんな質問を投げかけたいと思います。

というのも、皆さんにとって身近なものになったAIですが、AIについて明確に説明できるという人はなかなかいない。私はそう感じています。

おそらく、多くの人は「なんとなく」理解しているというのが現状ではないでしょうか。

AIとは、一般的に人間の知能のように学習し、認識や推論などの能力をコンピューターに行わせる技術を指します。

「AI」という言葉の生みの親であるアメリカの科学者、ジョン・マッカーシーは、A

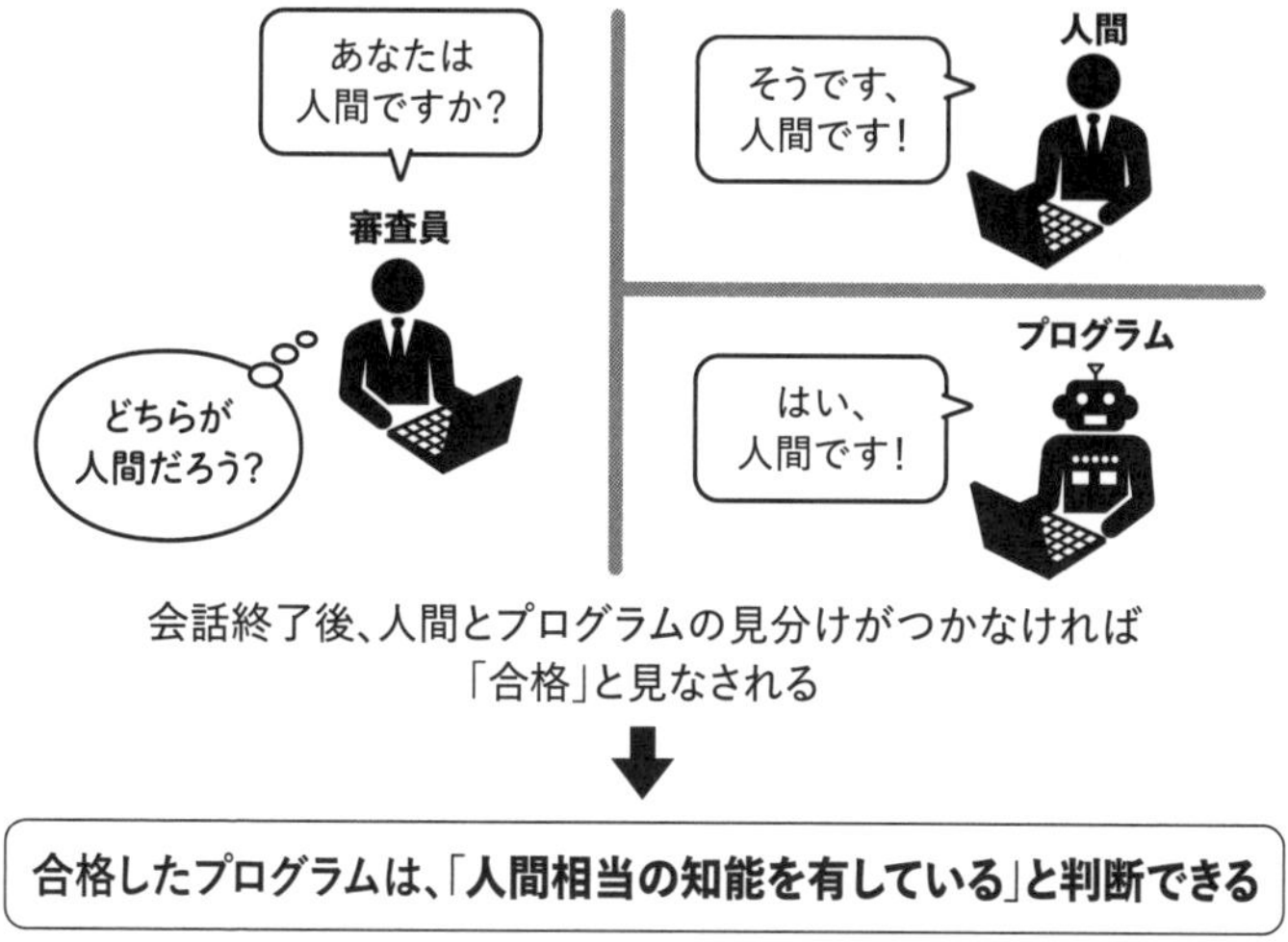
あなたは
人間ですか？
審査員
どちらが
人間だろう？
人間
そうです、
人間です！
プログラム
はい、
人間です！
会話終了後、人間とプログラムの見分けがつかなければ
「合格」と見なされる
合格したプログラムは、「人間相当の知能を有している」と判断できる

Ｉを「知的な機械、特に、知的なコンピュータプログラムを作る科学と技術※」と説明しています。

では、この「なんとなく」からまずは脱却するために、ＡＩの歴史から簡単に振り返っていきましょう。

ＡＩの研究開発の歴史をひも解くと、そのはじまりは１９５０年代にまで遡ります。

イギリスの天才数学者といわれたアラン・チューリングが発表した「Computing Machinery and Intelligence（計算する機械と知性）」という論文で、機械（プログラム）が人間と同等の知能を持つことが可能かどうかを試す「チューリングテスト」

というものを提唱したところから始まりました。

チューリングテストとは、機械の能力が人間の知能と同等であるかをコンピューターのディスプレイとキーボードを通じて自然言語の会話を行うことで確かめるテストです。もっと簡単に言えば、機械が人間の会話を模倣し、それに人間が機械だと気づくかどうかを確かめるテストです。

繰り返されてきたAIブームの歴史

当時、このチューリングテストが行われた目的は、「果たして機械は人間と同じような思考や行動をとれるのか」を明らかにすることにありました。

このように、チューリングによってAIの概念が確立されたこととともに、ジョン・マッカーシーによって「AI」という言葉が初めて用いられたことをきっかけに、AIは世界中の科学者たちに広く認知されるようになったのです。

AIの研究開発の歴史はこのように1950年代から始まり、現在に至るまで実に3度のブームがあったとされています。

第1次AIブーム：探索と推論（1950～1960年代）

当時、世界的に普及しつつあったコンピューターによる「探索（分類や識別をしたいデータをあらかじめ学習して結果を導くプロセス）」や「推論（条件〈答え〉を場合分けして探し出すプロセス）」が可能となり、ＡＩの開発研究に活用できたことが第１次ＡＩブームの幕開けとなりました。

ところが、当時のＡＩはある一定の単純なルールや法則に定められた問題には対応できるものの、さまざまな要因が複雑に絡み合う課題には対応できず、第１次ＡＩブームは終焉を迎えてしまいます。

第2次AIブーム：知識表現（1980～1990年代）

コンピューターの活用が当たり前になった１９８０～１９９０年代に第２次ＡＩブームが起こります。

コンピューターが推論するために必要な情報を与えることで、ＡＩが実用可能な水準に達し、特定分野の知識を取り込んだコンピューターが専門家のように推論を展開する「エキスパートシステム」が登場し、ビジネスや医療など幅広い分野で実用化されていきました。

ところが、当時はコンピューターが推論のために必要とする情報を人間がすべて用意しなければならず、この第2次ＡＩブームも下火になり、次第に勢いを失ってしまったのです。

第3次AIブーム：機械学習（2000年代〜現在）

2000年代になるとコンピューターの性能が飛躍的に向上します。

ＡＩ研究開発の大きな転機となったのが、「ビッグデータ」と呼ばれているような大量のデータからルールやパターンを発見し、自動で学習する「機械学習」の登場です。

その後、2006年にはこの技術を発展させ、さらに複雑な判断が可能となる「ディープラーニング」が実用化され、歴史的なブレークスルーとなりました。

ディープラーニングとは、のちに詳しく述べますが、「深層学習」とも呼ばれ、コンピューターが自動で膨大な量のデータを学習して、データの背景にあるルールやパターンの特徴を抽出する技術です。

また、第2次ＡＩブームの課題であった「人間が大量のデータを用意する手間」が軽

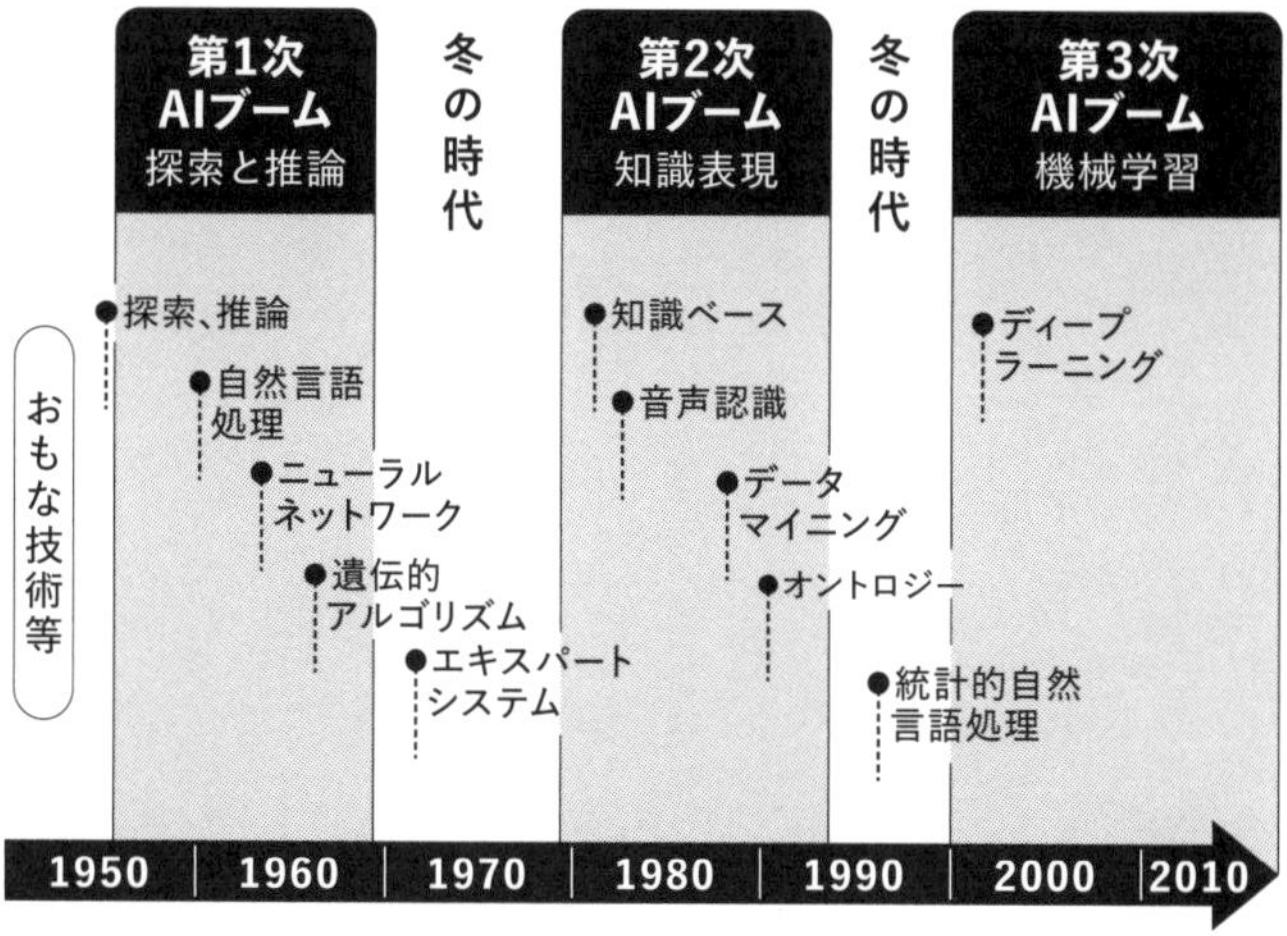

出所：総務省「ICTの進化が雇用と働き方に及ぼす影響に関する調査研究」をもとに作成

減されたことで、さまざまな分野にＡＩが導入され実用化が進んでいきます。代表的な例を挙げると、音声認識や画像認識、自然言語処理や車の自動運転などです。

皆さんの身近なところでいえば、Amazonの推奨システムやスマートフォンの音声応答アプリケーションである「Siri」、Googleの音声アシスタントなどはＡＩを活用した代表的な例です。

また、ソフトバンクの人型ロボット「Pepper（ペッパー）」も、ＡＩの研究開発から実用化された好例でしょう。さらには、医療分野でもＡＩは画像診断に用いられ、病気の早期発見に貢献しています。

そうした第3次ＡＩブームの中、２０２２年11月にOpenAIが公開したのがChatGPT、いわゆる「生成ＡＩ」です。文章やイラストなどのコンテンツを生成できるＡＩであり、大きな話題となりました。

これらの活用事例から、ＡＩは私たちの日常生活や社会全体に深く浸透しているわけですが、そのＡＩ研究開発の最先端として注目を集めているのが「ＡＧＩ」だというわけです。

ＡＧＩとＡＩは何がどう違うのか？

ＡＧＩとＡＩは何がどう違うのか――。

それを理解するためには、「強いＡＩ」と「弱いＡＩ」についての理解を深めておくことが重要です。

ＡＧＩの研究開発が進められている現在、ＡＩは主に2種類に分類され、「強いＡＩ」と「弱いＡＩ」という表現が専門家の間でも用いられるようになりました。

「強いＡＩ」とは、ＡＧＩのようなＡＩを指しており、ＡＩ自身が多くの情報を処理し

AGIとAIの違い

	従来のAI	AGI
タスクの特化	画像認識や音声認識など、特定の領域に限定してタスクを実行	複数タスクに対応できる汎用的な能力がある
学習能力	あらかじめプログラムされた膨大なデータからルールやパターンを学習	データや経験から学習する能力を持ち、新たな情報や知識を踏まえて、状況に応じて適切な判断を行う
柔軟性	あらかじめ設計された手法に基づいてタスクを実行	新しい問題へのアプローチや解決策を見出すことができる
自己進化	範囲内でのタスクを実行	経験から学び、新たな情報やデータを取り入れて能力を向上させる

出所：https://www.softbank.jp/biz/blog/business/articles/202310/what-is-agi/

て人間に近い思考回路や感情を持っているＡＩのことです。
まるで人間のように幅広いタスクを柔軟にこなし、未知の課題や状況にも膨大なデータに基づいて自ら学習することで、状況に応じた適切な判断ができます。こうした「強いＡＩ」は、「汎用型ＡＩ」とも呼ばれています。

一方、「弱いＡＩ」とは、これまでの長い年月によって発展してきた機械学習やディープラーニングなど、ある分野に特化した高度な学習が可能ではあるのですが、感情を理解せず人間と同じように思考や行動することが難しいＡＩのことを指します。こうした弱いＡＩは「特化型ＡＩ」とも呼ばれています。現状において、ビジネスに用いられているＡＩのほとんどは「弱いＡＩ」です。

例えば、画像認識や音声認識、将棋の対局、医療や法律などの専門分野に特化したものも「弱いＡＩ」の範疇です。
あらかじめ用意されたデータからルールやパターンを学習し、設計された手法に従ってタスクを実行する。もちろん、高度な処理能力を持ってはいるのですが、人間と同じように複数のタスクを柔軟にこなしたり、自ら考えて未知の課題を解決したりすることはできないのが「弱いＡＩ」といわれる所以《ゆえん》です。

だからこそ、ＡＧＩの実現によって、今後、強いＡＩがビジネスをはじめ、さまざまな分野で導入される可能性が出てきているのです。

ＡＩが人間の感情を理解する⁉

ＡＧＩは「強いＡＩ」に分類され、人間と同等の認知能力を持ち、感情を理解する能力を獲得したまさにＡＩの発展形であるともいえます。そんなＡＧＩがＡＩと大きく違う点として人間の感情を理解するということが挙げられます。

人間の顔色や表情を読み取ったり、人間らしい行動を自ら判断して行ったりすることができます。もちろん、人間の感情というものは非常に複雑です。顔では笑っていても心では怒っていたり、その逆もしかり。理解することが非常に難しいわけですが、人の声には感情が表れます。それは偽ることができません。

皆さんも緊張すると声が震えたり、うそをついたときに声が裏返ったりした経験はありませんか。そうした声帯の自然反応をＡＧＩは感情認識で読み取り、人間の声から喜び、怒り、悲しみ、平常などといった感情を認識するのです。

感情を理解するということは、「空気が読めるようになる」と言い換えることもできます。これは、極めて画期的な進化だと私は考えています。

例えば、最近ファミレスで「配膳ロボ」が増加の一途をたどっています。タブレットで注文すると、ロボットが料理を運んできてくれます。

でも、あの配膳ロボは空気が読めるわけではありません。どんなに会話が盛り上がっていても、お構いなしに次から次へと料理を運んでくるだけ。ＡＧＩであれば空気が読めるので、ちゃんと会話が一段落ついたところで料理を運んできてくれるでしょう。

居酒屋でビールを飲んでいるときもそうです。ちょっと気の利いた店員さんであれば「ビールのおかわりいかがですか？」などと言ってくれますが、それをＡＧＩはできてしまうということ。そうなれば、空気が読めないアルバイトの店員より圧倒的にＡＧＩに〝軍配〟があがるというわけです。

このように、空気が読める接客ひとつにしてもＡＧＩが実現することで大きな革命が起きるだろうと考えられますが、もちろんそれだけではありません。

例えば、これから超高齢社会が深刻化していきますが、厚生労働省などの試算では2

０２５年には認知症高齢者が約７００万人に達するそうです。

その一方で、介護人材は約32万人が不足すると予測が立てられており、早急に手を打たなければ介護崩壊が現実化してしまうと懸念されています。

介護の現場は精神的、身体的に過酷でストレスの温床になりがちです。

また、介護は一定の知識やスキルが必要です。親の介護にしても、最初は「自分で面倒見よう」と考えていても、いざ介護してみると「やはり介護のプロである従事者に任せよう」となることが多いわけです。

こうした慢性的な介護人材不足という課題を解決する方法のひとつとして期待されているのがＡＧＩです。


ＡＧＩを介護現場に導入すると、一人ひとりに最適化された介護が可能となります。介護される方の生活習慣や健康データ、さらには心理的な要素までも読み取り、それに応じたパーソナル介護プログラムを生成することが可能になるからです。

さらに、ＡＧＩの介護ロボが開発されれば、介護される方の感情や行動パターンを分析し、一緒に散歩に出かけたり、話し相手になってあげたりすることも可能です。

まるで人間の介護者のように、こうした「心のケア」までやれてしまう。それがＡＧＩという未来であり、そうなれば介護する側の精神的、身体的ストレスを緩和し、他のことに注力できる資源さえ手に入れることができるのです。

シンギュラリティの到来は予測より早まる!?

そしてもうひとつ。ＡＧＩとＡＩの違いについて理解を深めるためのキーワード。それは「シンギュラリティ」です。

ＡＩについて少しでも興味関心がある方なら、一度は耳にしたことがある言葉ではないでしょうか。

シンギュラリティとは、「技術的特異点」とも呼ばれ、ＡＩが人間の知能を超える転換点を指す言葉で、さまざまな専門家が「果たしてシンギュラリティはいつ到来するのか」という予測を立てています。

このシンギュラリティという言葉を世界に広めたのがアメリカの数学者ヴァーナー・ヴィンジで、１９９３年に発表した著書『The Coming Technological Singularity』の中で、「30年以内に技術的に人間を超える知能がつくられる」と記しました。

さらには、ＡＩ研究の世界的権威として知られるアメリカの未来学者レイ・カーツワイルも、「２０２９年にＡＩが人間と同等の知能を持つようになり、２０４５年にはシンギュラリティが訪れる」と提唱しています。これがいわゆる、「２０４５年問題」といわれるものです。

ＡＩ研究の世界的権威でもあるレイ・カーツワイルが、２０４５年にＡＩが人間の知性を超えるであろうと予測したわけですが、ＡＧＩの研究が急ピッチで進められている現状を踏まえると、間違いなくシンギュラリティはそれよりも早く到来する。これが私の立てた仮説でもあります。

ＡＩが果たして人間の知能を超えるのか、超えないのか。では、シンギュラリティが到来すると、どんな未来が待ち受けているのでしょうか。

アニメや映画ではたびたびシンギュラリティが到来した未来が描かれることがあります。

それこそ、『鉄腕アトム』や『ドラえもん』のように人間とロボットが仲良く共生して

手塚治虫の『鉄腕アトム』をリメイクした漫画『PLUTO』（浦沢直樹×手塚治虫　長崎尚志プロデュース　監修／手塚眞　協力／手塚プロダクション）には、たくさんのAGIといえるロボットが登場する。

アトムがおいしそうにアイスクリームを食べる様子を見て、ロボットの刑事ゲジヒトが感心する。アトムは、人間のマネをしているうちに「おいしい」という感覚を学習していった過程を、ゲジヒトに語る。

 『PLUTO』ビッグコミックス第2巻より

いく未来が来るのか。それとも、『ターミネーター』のようにロボットが人間を支配する未来が来るのでしょうか――。

ここで皆さんに知っていただきたいのが、AGIとともに専門家の間で語り草になっている「ASI」と呼ばれる超進化系AIです。

ASIとは、「Artificial Super Intelligence」の略称で、「人工超知能」とも呼ばれ、AGIがさらに進化した未来のAIです。

ASIは人間の知能レベルをはるかに超えたAIで、あらゆる複雑なタスクや難題において人間には到底解決が不可能な事象にも、解決策を見つけ出すことが期待されています。

もちろん、現時点ではAGIすら実現していないのでまだまだ先の夢物語ではありません。

ただ、ひとつ確実にいえることは、AIの研究開発は間違いなく加速の一途をたどっているということ。特化型と呼ばれる現在主流のAIから、生成AIが登場したことでAI研究者や専門家だけではなく、多くの人にとってAIに対する認識や考え方はガラッと変わったのではないでしょうか。

それと同じように、従来のＡＩや生成ＡＩからＡＧＩに進化していくものだという仮説のもと、今から準備や戦略を立てておくことが重要なのです。

ＡＧＩが世の中で求められる3つの理由

ＡＧＩがなぜこれほどの注目を集め、求められているのか。

私が考えるＡＧＩが求められる理由は大きく3つあります。

「汎用性の高さ」と「労働力不足の解消」、そして「新たな技術革新」です。

❶汎用性の高さ

まずは、「汎用性の高さ」についてです。

ＡＧＩは従来の特化型ＡＩと比較して汎用性に優れているのが特徴です。ＡＩが自ら学習し、より人間に近い状況判断や意思決定が可能となります。

汎用性が高いため対応できる物事も多岐にわたり、ビジネスはもちろんのこと、日常的なことから社会課題の解決に至るまで、幅広い分野での活用が期待されています。これについては詳しく後述していきます。

❷労働力不足の解消

続いて、「労働力不足の解消」についてです。

「2040年問題」という言葉をご存じでしょうか。

2040年問題とは、日本の少子高齢化が進み、65歳以上の高齢者人口の割合が35%に達することにより、社会に与えるさまざまな影響のことです。

特に、団塊世代の次に人口の多い1971〜74年生まれのいわゆる団塊ジュニアと呼ばれる世代が65歳以上に突入し、現役世代が急減するため、多くの企業では労働力不足が深刻化すると考えられているのです。

これまで人間が行っていた仕事をAGIに任せることで、労働力不足の解消にもつながることが期待されています。

❸新たな技術革新

最後が、「新たな技術革新」です。

社会構造が多様化し、なおかつ急激なスピードで複雑化している昨今、企業は常に市場の変化に対応し続けなければなりません。

このような時代の中で、従来の特化型ＡＩ、すなわち「弱いＡＩ」を活用しているだけでは厳しい世の中を勝ち抜くことはできなくなってきています。

そこでＡＧＩが活用されるようになれば、新たな技術革新が進んでいきます。これまでにない新しいビジネスモデルやサービスが生まれる可能性だってあるのです。

日々刻々と移り変わっていく複雑多様な社会において、ＡＧＩが最善のビジネス戦略を選び、人間や企業をサポートする社会を実現できるというわけです。

ＡＧＩがあらゆる分野で革命を起こす

「生成ＡＩはＡＧＩへの序章である」

最近、専門家の間ではこのようなことが囁かれています。

そのキーワードは「実用性」です。

少し前までは、皆さんにとって最も身近だったＡＩは、スマートフォンに搭載されている「Siri」ではなかったでしょうか。「Siri」は、アップル社が開発したＡＩ型音声アシスタント機能で、晩年のスティーブ・ジョブズの最後の作品ともいわれています。
そんな「Siri」ですが、実用性の反応としては「これは使える」という意見と、「これは使い物にならない」という意見とで分かれていたと思います。使い物にならないという人は、「自分が聞いたことに対してちゃんとした答えが返ってこない」とか、「トンチンカンな答えが返ってくる」といった意見がありました。かくいう私も、「Siri はあまり使い物にならないな」と感じていた一人です。

ところが、「ChatGPT に代表される生成ＡＩの登場によって、ＡＩに対する意見の〝潮目〟が変わってきました。「ChatGPT ってすごいぞ」「ＡＩもここまで進化してきたのか」といった意見が世界中に飛び交ったのです。

簡単ではありますが、生成ＡＩの実用性について記しておきましょう。

・テキスト生成

会話のように質問を入力するとそれに回答をしてくれたり、ビジネス文書を生成してくれたりします。さらに、あるテーマに沿ってアイデアを提案してもらうことも可能です。

・画像生成

指定したテキストタグに従って、美しい画像を出力してくれます。それによって、コンピュータータグラフィックの世界に活用されています。

・動画生成

まだ発展段階ではありますが、画像生成ＡＩと同じように、テキストタグを入力するだけで動画を生成してくれるＡＩも登場しています。いずれは映像作品でも活用される可能性を秘めています。

・音声生成

音声データを入力するだけで、あたかもその人が話をしているかのような音声を生成できるようになります。テキストを用意することで、企業の受付業務やテレビのニュースやナレーションなどにすでに応用が始まっています。

いかがでしょうか。

これまでの「Siri」のようなＡＩから、ChatGPTのような生成ＡＩの誕生によってこれほどまでにＡＩの実用性が向上したのです。

私自身も生成ＡＩを、私が校長を務めるフリースクールの授業を組み立てるときに使っています。生成ＡＩはＡＧＩへの序章と捉えて、今後ＡＧＩがあらゆる分野で革命を起こしていく可能性は極めて高いと考えておくのが自然でしょう。

ＡＧＩはビジネス、教育、医療、エンターテインメントなどあらゆる分野で人間をサポートし、複雑かつ高度なタスクをこなすことが期待されます。特に、ＡＧＩによるビジネスにおける実用性が高まれば高まるほど、人間はよりクリエイティブな業務や戦略的な業務に注力できるようになります。

だからこそ、ＡＧＩが実用化された社会に適応するために、まずはＡＩに対する理解を深め、幅広い視野で社会全体の動きを捉えることが重要なのです。

第2章

来るべきAGI時代にどんな準備をしておくべきか

これからAIを導入したい人が知っておくべき2つのキホン

第2章では、来るべきAGI時代に備え、私たち人間はどのような準備をしておくべきかについて、解説していきます。


「これからの時代、AIを活用できなければ時代に取り残される」

「よし、わが社もこれから積極的にAIを導入していくぞ」


そんなビジネスパーソンや企業も増え始めています。

では、皆さんはAIについて、具体的にどの程度知っておくべきなのでしょうか。

私が考えるには、現時点で皆さんが知っておくべきAIのキホンは2つあります。「ディープラーニング」と「生成AI」の基本的なメカニズムについてです。

少し詳しくご説明しましょう。

まずは、ディープラーニングの基本的なメカニズムについて簡単に解説していきましょう。

ディープラーニングとは、ＡＩの機械学習の方法のひとつで、日本語では「深層学習」とも呼ばれています。

一般的なデータ分析では入力データと出力データを直接分析しますが、ディープラーニングではデータの背景にあるルールやパターンをより深く学習するために、これを多層的な構造で分析します。データ分析の階層が多いため、複雑できめ細かなデータ処理ができるのが特徴です。

ディープラーニングの基本的なメカニズムとしては、人間の脳の神経回路を模した「ニューラル・ネットワーク」という仕組みが使われています。

ニューラル・ネットワークとは、脳内神経のネットワークで行われている情報処理の仕組みを計算式に落とし込み、人工ニューロンを使って数学的にモデル化したものです。

もっと簡単に説明すると、学習データをインプットする「入力層」、データの分析処理を行う「隠れ層」、そして分析結果をアウトプットする「出力層」で構成されています。

ニューラル・ネットワークにおいては、こうした階層構造の分析ルートを持っていることで、従来ではデジタル化するのが難しかった自然言語や画像、音声といった複雑な非構造化データをＡＩが学習できるようになったのです。

こうしたメカニズムを利用して、現在ではさまざまな分野でディープラーニングが活用されています。


ディープラーニングが活用されている分野としては、日常的なコミュニケーションで使われる書き言葉や話し言葉をコンピューターに理解させる自然言語処理（ＮＬＰ）や機械翻訳による翻訳精度での多言語コミュニケーション、また、iPhoneの顔認証やFacebookのタグ付けなどに代表される画像認識技術、そして先にも述べた「Siri」や「Alexa」の音声認識などが挙げられます。

そのほか、正常なデータやパターンから外れた異常なものを自動的に検出する技術は、セキュリティ監視や品質管理などの領域で重要な役割を担っています。

この技術は、身近な活用例としては、クレジットカードの不正利用検知などに使われています。

生成ＡＩの基本的なメカニズムを知っておく

２つ目に知っておくべき基本は、生成ＡＩの典型的なメカニズムについてです。

生成ＡＩとは、学習済みのデータを活用してオリジナルデータを生成するＡＩを指します。先にもご紹介しましたが、代表的な生成ＡＩとしては、テキスト生成ＡＩの「ChatGPT」や画像生成ＡＩの「ＤＡＬＬ－Ｅ」など、用途に応じた生成ＡＩがさまざまなビジネスシーンで活用され始めています。

生成ＡＩの基本的なメカニズムを支えているのが、先に登場したディープラーニングです。生成ＡＩが新しいコンテンツを生み出すためには、大量の学習データを与える必要があり、そのデータ分析に使われているのがディープラーニングだからです。

このディープラーニングを活用することによってＡＩは自ら学習を重ねられるようになり、あらかじめ学習データをインプットせずともＡＩ自身がオリジナルコンテンツを生み出せるようになったのです。

「従来のＡＩと生成ＡＩの違いって何？」

こんな質問をよく受けるのですが、従来のＡＩと生成ＡＩの違いをひと言で表現すると、「ＡＩ自身が新しいコンテンツを生成できるか否か」です。

従来のＡＩは、人間が与えた学習データをもとに結果を予測したり、あらかじめ決められた規則やルールを自動的に行ったりすることが主な役割でした。すなわち、これが前に述べた「弱いＡＩ」の特徴でもあります。

音声認識システムや自動運転車の制御システム、あるいは囲碁の世界トップ棋士に勝ったアルファ碁などが弱いＡＩに該当します。

特定のタスクを処理するのは非常に優秀ですが、専門分野以外のことには対応できないという限界があり、人間のような幅広い知能を持っているわけではありません。

一方の生成ＡＩは、ディープラーニングによってＡＩが自ら学習を重ね、人間が与えていないデータや情報さえもインプットし、新たなオリジナルコンテンツを生み出すことができます。

ではなぜ、現在この生成ＡＩがこれほどまでに世界を席巻しているのでしょうか。

その大きな要因は、これまで人間にしかできなかった「新しい何かを生み出す」といったクリエイティブな作業が、ＡＩでもできるようになったからです。生成ＡＩの登場によって、今まで人間のみが行っていたクリエイティブな作業をＡＩに任せられるようになり、より創造性の高い作業が自動化できるようになったのです。

生成ＡＩは、テキスト生成や画像生成だけでなく、動画生成や音声生成などさまざまな分野での生成が可能です。これまで人間の手で行っていた作業を大幅に効率化したり、人間ではいままで思いつかなかったアイデアを形にしたりすることが可能となったことで「ＡＩ革命」などと囁《ささや》かれているわけです。

一方、生成ＡＩがこれだけ世の中に普及したことによって課題も浮かび上がってきました。

例えば、データを生成する際に平気でウソをつくことや、著作権の問題や、個人情報・機密情報などの漏洩問題です。

生成ＡＩはビジネスにも、そして私たちの日常生活でも便利なツールではあるのですが、そうしたリスクを念頭に置いて活用しなければ、思わぬトラブルに見舞われる可能性があるので注意が必要です。

また、そんな生成ＡＩにもできないことがあります。人間のように感情を理解する能力はありませんし、人間のような直感を持ち合わせてもいません。そうです。これらを実現するのは、現在さらに進化を遂げようとしているＡＧＩなのです。

従来のＡＩや生成ＡＩまでは前述の「弱いＡＩ」なのに対し、ＡＧＩは「強いＡＩ」として期待が高まっています。

ＡＧＩの実現を前提とした働き方への見直し

ＡＧＩはさまざまな分野の専門知識を持ち、まるで人間のようにどんな状況にも柔軟に対応できる能力を持っています。

こうしたＡＧＩの特徴を語るうえで必ずと言っていいほど議論されるのが、「いずれ人間の仕事はＡＩに奪われるのでは？」というものです。

この議論に対しては、イギリスのオックスフォード大学のカール・フレイ博士とマイケル・オズボーン准教授が２０１３年に発表した「The Future of Employment（雇用の未来）」という論文がひとつの指標になります。

この論文では、米国労働省が定めた７０２の職業を、クリエイティビティ、社会性、知覚、細かい動きといった項目ごとに細かく分析しました。その結果、今後10～20年間にアメリカ国内の労働者の47％が、仕事をＡＩやロボットなどにとって代わられるリスクが高いとされ、世界中の大きな話題となりました。

「これはアメリカの話でしょ？」と思った方もいるかもしれませんが、日本を分析対象としたものとして２０１５年に野村総合研究所が、フレイ博士とオズボーン准教授の研究と同じ手法で国内６０１種類の職業について、それぞれＡＩやロボットなどに代替される職業を分析しました。すると、今後10～20年後に日本の労働人口の約49％が就業している職業がＡＩに代替される可能性が高いという、驚きの研究結果がはじき出されたのです。

私も実際にフレイ博士とオズボーン准教授の論文（原文）を読んでみたのですが、緻密な確率論を駆使した極めて科学的根拠のある論文だと感じました。

では、それをもとに日本において、いったいどんな職業が消えてどんな職業が生き残るのか、野村総合研究所の資料をもとに皆さんで考察してみましょう。

ＡＧＩの実現で労働コストカットの余波が広がる⁉

左ページの図表で自動化される可能性が高い職業として、いよいよ現実味を帯びてきたなと感じるのが「経理事務員」「一般事務員」や「レジ係」です。

事務員の仕事にはルーティンワークの部分も多くあり、それがＡＩで代替されるようになれば、その存在価値は非常に危うくなっていくと思われます。

では、一般事務の仕事をしている人はこの先どうなってしまうのか。考えるヒントとして最近、私が北九州に招かれて行った講演会の話をしようと思います。

それは、学校事務をしている方々の総会だったのですが、当然、ＡＩへの不安の声も多く聞かれました。

「私たちの仕事は、いずれＡＩに奪われてしまうのでしょうか」

そんな問いに私が話した仮説はこうでした。

まず、事務の仕事において人間がゼロになることはないでしょう。なぜなら、ＡＩがやった仕事を「監査」する人間はいつになっても必要だからです。

日本で自動化される可能性が高い職業と低い職業

自動化される可能性が最も高い職業

職業名	自動化が可能になる確率
電車運転士	99.8%
経理事務員	99.8%
検針員	99.7%
一般事務員	99.7%
包装作業員	99.7%
路線バス運転者	99.7%
積卸作業員	99.7%
こん包工	99.7%
レジ係	99.7%
製本作業員	99.7%

自動化される可能性が最も低い職業

職業名	自動化が可能になる確率
精神科医	0.1%
国際協力専門家	0.1%
作業療法士	0.1%
言語聴覚士	0.1%
産業カウンセラー	0.2%
外科医	0.2%
はり師・きゅう師	0.2%
盲・ろう・養護学校教員	0.2%
メイクアップアーチスト	0.2%
小児科医	0.2%

出所：野村総合研究所　「日本におけるコンピューター化と仕事の未来」より

また、学校事務の場合は、各校に一人くらいしか専任の人がいないので、そもそも数が多くありません。となると、現在学校事務をやっている人が生き残るために必要なのは、ＡＩを使いこなす知識とスキルだけ、という結論になります。

では、学校ではなく会社の事務員ではどうでしょう。

事務員が多い職場も、実はすでに自動化の波が押し寄せており、かなりの人員削減が行われています。ですから、こちらもやはりＡＩの扱い方をマスターできれば、今のままの職場で仕事を続けられる可能性はあるでしょう。

ただ、ＡＧＩの実現を前提とした場合、いまのルーティンワークがあまり好きでなかったり、苦になっていたりするのであれば、思い切ってリスキリングにエネルギーを振り向ける方策もあるというのが私の意見です。

続いて、講演会などでもよくお話しする「レジ係」について私の見方をお話しします。

最近皆さんもコンビニやスーパーマーケットに行くと、「セルフレジ」を多くの店舗で見かけるようになったのではないでしょうか。

日本のセルフレジは現状、利用客が自分で商品バーコードをスキャンし、精算し、袋詰めをする流れが主流です。完全な無人化ではなく何人かの店舗スタッフを配置しているのが特徴だといえます。

ところが、アメリカではさらに一歩先を進んでいます。セルフレジではなく、「無人レジ」なのです。そこには店舗スタッフもいません。

２０１８年にシアトルで「Amazon Go（アマゾンゴー）」の1号店がオープンしました。アマゾンゴーとは、アメリカのアマゾンが運営するリアルのコンビニエンスストアです。ただし、アマゾンゴーはただのコンビニではありません。ＡＩやコンピューターを駆使することで、店舗でのレジ精算なしで商品を買うことができる画期的な店舗なのです。

その仕組みを簡単に説明いたしましょう。

アマゾンゴーを利用するためにはまず事前にアプリをダウンロードし、クレジットカード情報を登録しておきます。

そして、入店時にアプリからＱＲコードを表示し、ゲートにかざすとまずは入店できます。その後は商品を手にして精算をすることなく、店を出るだけで利用者のアマゾンアカウントで精算が完了します。そんな、これまでにない購買体験を可能にしており、接触なしで買い物ができるためコロナ禍に注目された技術でした。

こうしたＡＩのテクノロジー発展にはある一貫した流れが存在しています。それは、コストダウンです。

これまで人間が担ってきた労働の一部がこうした技術革新によってどんどん自動化されていきます。それによって労働賃金などのコストが大幅に削減される経済メリットを企業にもたらしているわけです。

こうしたＡＩの自動化による労働コストカットの流れは、ＡＧＩが実現すれば今後もさらに続くのではないかと私は考えています。

この考えが正しければ、間違いなくこの先多くの企業では今後のさらなる自動化・機械化を見越してリストラや早期退職者を募る動きが出てくるかもしれません。さらに、その先にＡＧＩが実現すれば、あらゆる分野において人間以上の複数のタスクを実行できるＡＩによって、人件費削減の大波が押し寄せてくるかもしれません。

ＡＩの導入には相性がある

「いよいよＡＩもここまで来たのか。この無人レジはアメリカを中心にどんどん増えていくだろう」と私は予測していたのですが、実は少々様子が変わってきました。

アマゾンゴーは現在、郊外にある大規模な店舗だけに注力しており、床面積が小さいコンビニのいくつかからは撤退してしまっています。

何が起きているのかといえば、ＡＩのようなテクノロジーを導入する場合には、相性があるという現象が実証されたということです。床面積が小さいコンビニの場合、たとえレジを無人化しても、利用者はそれほど便利だとは感じないわけです。実際に、無人レジを導入したからといって来店数が増えるということもなかったようです。

皆さんもコンビニで買い物をするときには、ピンポイントで何を買うか、あらかじめ決めているのではないでしょうか。そのため、おのずと滞在時間は限られています。日本の顧客のコンビニの平均滞在時間は3分といわれていますが、アメリカでも同様だと考えれば、無人レジのメリットはそれほどなかったということなのです。

また、床面積が小さいコンビニにＡＩを導入するコスト面でも、やはり採算が取れなかったのでしょう。

例えば、コンビニでアルバイトの店員さんを雇う場合、せいぜい２人か３人で事が足りてしまいます。

彼らの人件費とＡＩの導入費を天秤にかけても、「コスト的にもそれほどのメリットはない」という経営判断が下されたのでしょう。これが、床面積が小さいコンビニとＡＩとの相性が悪かったと考えられる要因です。

一方、郊外にある大規模な店舗であれば、レジ係の数も多いので、ＡＩを導入しても十分採算が取れる。アマゾンゴーは、こうして郊外の大規模店舗へ舵を切り始めたというわけです。

もちろんこうした無人レジというサービスだけで来店者数が増え、業績が上がるほど、ビジネス甘くはありません。

そこでアマゾンゴーは「メイド・ツー・オーダー・キッチン（Made-To-Order Kitchen）」と呼ばれるオープンキッチンを設け、オムレツやサンドイッチなどをその場で調理し提供するサービスを始めました。日本のショッピングモールなどにあるフードコートのようなもので、さらなる集客を狙い始めたのです。

人間が行う顧客対応は「カスハラ」のみ⁉

また、ＡＩの影響を大きく受ける仕事のひとつとして、銀行員が挙げられます。「入社したい企業ランキング」や「入社が難しい企業ランキング」で常に名を連ねている銀行員という職業。安定した収入が見込めるので、銀行員を目指している学生も多いのではないでしょうか。

ただ、最近ではメガバンクを中心に新卒採用人数を絞っています。窓口業務などＡＩが得意とする業務において、人間の銀行員からＡＩへの代替が進んでいるからです。

「それでも、どうしても銀行で働きたい」

そういう人ももちろんいるでしょう。そうした人が銀行員として生きていくために必要なもの。それは、「ＡＩリテラシー」を身につけること。これに尽きます。

ＡＩリテラシーとは、ＡＩの基礎知識と活用方法を理解し、ＡＩを適切に活用できる能力のことです。意外かもしれませんが、「ＡＩはどのような仕事を自動化できるのか」といったことや、逆に「ＡＩが苦手とする仕事は何なのか」を把握することが、これからの銀行員には求められるのです。

こうしたＡＩリテラシーを身につけることで、顧客のニーズに合った個別対応や、顧客に合った商品の提案ができるという銀行員としての存在価値が見出せるからです。

もちろん、銀行員だけではなく、これから数多くの職業がＡＩに代替されていく動きが加速していくことは間違いありません。

「はじめに」でも述べましたが、カスタマーサポートやコールセンターもそうです。すでに、こうした顧客対応をＡＩに切り替えたという企業も多いかもしれませんが、今後ＡＧＩが実現すれば、なおさらこの動きは加速の一途をたどっていくでしょう。

ただ、私はこうした顧客対応の仕事がすべてＡＩに代替えされるとは考えていません。なぜなら、顧客対応には必ず「例外」というものが存在するからです。

「責任者を出せ！」

こうした顧客からの苦情やトラブルが発生したときです。

おそらく、顧客対応の99％はＡＩ、さらには人間の感情を理解するＡＧＩに任せることができるでしょう。ただ、残りの１％の「機械じゃ話にならん！　責任者を出せ！」といったときに出ていける人間は、必ず必要になるのです。

最近、マスコミでもよく報じられて社会問題にもなっている「カスハラ」。

正当なクレームがある一方で、不当な言いがかりをつけたり、過剰な要求をしたりするカスタマーハラスメントのような案件への対応はＡＩでは難しいわけです。つまり、ＡＩが発展している今の時代において、人間が行う顧客対応はこの「責任者を出せ！」の責任者になるということなのです。

もちろん、いうまでもなく「責任者」になるためには、銀行員と同様、ＡＩリテラシーを身につけておく必要があります。どんな仕事であっても、ＡＩがやっている仕事を常にチェックできる人間はどうしても必要です。そう考えれば、これからの時代は、大学で経営学を勉強するときにも、ＡＩを総合的に学ぶ科目が生まれ、ＡＩについての知識を深めていくことになるでしょう。

ＡＩリテラシーを身につけない限り、人間の役割がどんどん減っていくと思われるからです。

ビジネスパーソンにしても、今からでも決して遅くはありません。いやむしろ、急がなければなりません。

ＡＩについての幅広い知識を身につけていくことが、これからのビジネスパーソンにとっては、至上命題となるからです。

第3章

AGIが実現したら私たちの暮らしはどうなるのか?

ＡＧＩの実現で教育現場はこんなに変わる！

第3章ではＡＧＩが現実のものとなったとき、私たちの暮らしはどうなっていくのかについて考察していきたいと思います。


ここで、大きなトピックのひとつとして私が挙げたいのが教育です。教育現場において、現在ＡＩを導入する動きが広がっているからです。

そこで、まずは現在の教育現場におけるＡＩの活用事例について、簡単にご紹介していきましょう。


近年、徐々に普及し始めているのがパソコンやタブレットの「ＡＩアプリ教材」という優れものです。

従来では、一人の先生が大人数の生徒を教えるのが一般的な授業でしたが、生徒によって理解度も苦手なことも当然違います。

ＡＩアプリ教材であれば生徒の学力データを分析し、生徒の学力に合わせて出題を変えたり、生徒が解けなかった苦手な問題を再出題したりといった個別の学習アレンジが可能となり、短期的な学力アップの大きなサポートになっています。

そして、現在の教育現場におけるＡＩ活用の代表例が英語学習でしょう。

英語を学ぶ際に必要な「読む」「書く」「聞く」「話す」のうち、従来の日本の英語教育では「読む」「書く」に重点が置かれていました。ゆえに、日本人の多くは「聞く」「話す」に苦手意識を持っています。そして、その苦手を克服するために英会話教室に通ったり、多額の費用をかけて海外留学したりするわけです。

でも、今ではそこにＡＩを導入することで、「聞く」「話す」というスキルをお金をかけることなく磨くことが可能となったのです。その好例として挙げたいのがChatGPTを活用した英語学習です。

ChatGPTは日常会話からビジネス英語まで、さまざまなシチュエーションで英会話学習ができます。

使い方もいたって簡単。まずはChatGPTにこんなふうに話しかけてみます。

「I want to practice English conversation. Can you be my conversation partner?」（英

会話の練習をしたいのですが、私の会話相手になってくれますか?)

するとChatGPTから次のような返事がきます。

「Of course, I'd be happy to help! What would you like to talk about?」(もちろん、喜んでお手伝いします! どんな話をしたいですか?)

あとは、自分が学びたいシチュエーションに合わせてChatGPTと英語で会話をするだけで、「聞く」「話す」というスキルを向上させることができます。

また、「英語の発音に自信がない」という人でも安心。AIの音声認識を活用すれば、AIが人間の話す英語を聞き取り、発音や文法が正しいかを判断してくれるからです。

このように、AIであれば場所や時間、そしてお金といった制約に左右されることなく、誰もが自分に合ったレベルで教育を受けられるようになりました。

さらにAGIが実現すれば、一人ひとりにそれこそスーパーな家庭教師がつく、ネイティブな英会話の先生が丁寧に個別指導してくれるような世界がやって来るでしょう。もはや、塾や英会話教室に行く必要もなくなるかもしれません。

しかも、生徒の表情などから理解度や集中の度合いを測定し、「この問題はまだしっかり理解していないな」と察してくれたり、「集中が切れてきたからちょっと休憩しよう」と促してくれたりする。そんなＡＩがすぐそこまで来ているのです。

人間の先生や家庭教師であれば、「なんだ、そんな問題も解けないのか！」と怒られることもあるかもしれませんが、相手はＡＩなので自分が納得するまで何度でも繰り返し質問しても、いやな顔ひとつせず教えてくれるはずです。

ＡＧＩが語学学習のパートナーになる

私の娘は今、カナダの中学校に留学しています。

先日久しぶりにカナダに会いに行っていろいろ話をしていたら、フランス語を勉強しているといいます。

娘は日本語はもちろん、英語も話せます。でも、フランス語はまったく知らない言語なので、「どうやって勉強しているの？」と尋ねると、「Duolingo」という語学学習アプリを活用しているそうです。

このDuolingoというアプリ、現在世界中で１億人以上に愛用されているらしく、なかなかの優れもののようです。

Duolingoでの学習における特徴は、大きく分けて以下の3つです。

1．ゲーム要素が満載で楽しみながら学習できる

Duolingoは、ゲーム感覚で語学学習ができます。さらに、ユーモアを交えて飽きさせない仕掛けがあります。

ゲーム感覚で楽しみながらもこのアプリは、もちろん言語学習の専門家によって設計され、国際基準に沿ったカリキュラムが導入されています。

2．リーディング、リスニング、スピーキングを効率よく学べる

英語で必要不可欠なこの3技能において、学習者の上達具合や成果を評価し続け、モニタリングで常に改善を図っています。

3．AIが一人ひとりに合ったパーソナルレッスンを用意

DuolingoのAIシステムは、数百万人が学習するプロセスをビッグデータから自動的に分析し、一人ひとりに合ったパーソナルなレッスンを提供しています。

このように、今の子どもたちはこうしたアプリで語学を勉強することができます。

ＡＩアプリを使った語学学習によって、娘はどれほどフランス語が習得できるのか、私は今はただ見守っている最中なのですが、実は学校の先生もしっかり見守ってくれているそうです。

学校に行けば、フランス語の先生がいて授業を行っています。そのフランス語の先生が生徒たちのDuolingoでの学習状況を把握していて、日々の学習データを見て「ちゃんと毎日やっているからライティングの部分は強いね。でも、聞き取りが少し弱いかな」などとアドバイスしてくれたり、成績評価の基準にしてくれたりするという仕組みが構築されているようです。


ところで、こうした語学学習アプリには、どのようにＡＩが活用されているのでしょうか。

まずＡＩは、アプリ開発そのものに活用されています。言語学習の専門家によって設計されていると述べましたが、カリキュラム設計やコンテンツ作成に関してはできるだけ多くのバリエーションが必要です。そうしたバリエーションを、人間の専門家の限界を超えてＡＩが生成してくれるというわけです。

そして、何より重要なのは、ＡＩによる個別の学習支援です。先にも述べた通り、通常の教室での授業では全員一斉に同じ勉強をするので、わかっている子には退屈だし、わからない子はわからないまま置いていかれてしまう。こうした学力の差がどうしても出てしまいます。

そんな時、ＡＩであれば一人ひとりの学習進捗状況を把握しながら、苦手な技能を分析してくれることで効果的かつ効率よく学習できる。私はこれがＡＩ教育の大きなメリットだと考えています。

こうしたアプリもこの先さらに進化し、やがてＡＧＩが導入されることもあるでしょう。

ＡＧＩ先生になれば、もはや個別の語学学習の先生の領域を超え、生徒の学習力だけでなく、興味や目的に合わせ、カスタマイズされた教育プログラムを提供できるようになるでしょう。今よりもさらに効率的かつ効果的な学習経験を実現することで、学習成果を最適化できると私は期待しています。

さらに想像を膨らませると、ＡＧＩが世界最先端の教育や画期的な教育内容を常に最新の状態で保つことで、生徒に対して最も先進的な知識を提供することができるかもしれません。

また、忙しくて勉強する暇がなかなか持てないビジネスパーソンや障害を持っているため従来の教育が十分に受けられない学生、さらには地方に住んでいる人などに対して、ＡＧＩがより平等な学習機会を提供することが可能になるのではないでしょうか。

私が自分でフリースクールを作った理由

余談になるかもしれませんが、ここで私がフリースクールを設立した経緯について、少し説明しておきたいと思います。

今からさかのぼること9年前。私の娘が小学校に入る1年くらい前から、日本の初等教育について、いろいろ調べてみました。

「これは相当まずいことになっているな……」

それが、当時の私の率直な心境でした。使える英語を教えていない。プログラミングも教えていない。日本の初等教育は形骸化していて、完全に時代遅れだと感じたのです。

このように不安を感じていたのは私だけではありませんでした。娘の保育園の親御さんたちも、「子どもを入れたい小学校がない」ということをおっしゃっていました。そこで、「そうか、じゃあ自分で学校を作るしかないな」という流れになったのがきっかけでした。

さらに、今の初等教育で私が何より驚いたのは、先生が平気で〝ウソ〟を教えていることでした。私の著書『子どもが主役の学校、作りました。』（KADOKAWA）でこんな話を紹介しています。

もんだい

ちゅうしゃじょうに、じどうしゃが5台とまっていました。そこにあとから3台がきてとまりました。ちゅうしゃじょうには、ぜんぶで何台とまっているでしょう。

答えは8台ですが、このとき「5＋3＝8」と書いた子は「○」なんですが、「3＋5＝8」と書いた子は、同じ8台なのに「×」になるというのです。こんなおかしな話はありません。数学的には、足し算に順番というものは存在しないからです。

どうしてこんな教育がまかり通っているのか。それは、教え方のマニュアルが増えたからです。教育学部を出た先生というのは、教え方の専門家ではあっても、教えている内容に関しての専門家ではありません。教育学部そのものが悪いと言っているわけではありません。ただ、理数教育を専攻する学生が極端に少ないため、理数が苦手もしくは嫌いな先生のために、業者が緻密なマニュアルを作っている。その象徴が足し算の順番だったりするわけです。先生の多くが、自分の頭で考えて教えていないのです。

英語についても同様です。使える英語を教えていないと述べたのには、こんな理由があります。オリンピックの関係者が来日して、こんなコメントを残していきました。

「日本はとてもいい国なんだけれど、英語が通じない。みなさん親切に教えてくれるけれど、言葉がわからない」

たしかに、海外からたくさんの人が訪れる国の中で、これだけ英語がしゃべれないのは日本くらいなもの。それは、英語が話せない先生が教えているからです。

もうひとつ、プログラミングに関しては、これから必須のスキルです。ゲームもグラフィックスもアプリもプログラムで動きますし、ＡＩもプログラミングによって動くものです。

そこで私は、日本語、英語、プログラミング言語を中核に据えたフリースクールを設立したのです。

本来、教育で大事なことは、「社会で本当に生きていく力」を身につけることです。それを身につけられない学校なら、最初から行く意味はないと私は考えているのです。

算数嫌いな小学生が勉強すべき理由

私はフリースクールの校長としてフリースクールの運営に携わるほか、小学生を対象とした算数の授業を受け持っています。

中には、「なんで算数なんか勉強しなければいけないんだろう」という生徒もいます。そこで私は、最初の授業で子どもたちにまず、「なんで算数を勉強するのか？」ということを教えます。

答えは簡単です。

「ＡＩがきているから」

結局のところ、ＡＩというテクノロジーには、算数（数学）が多く活用されています。

ＡＩの設計開発をしている人たちがどういった能力を持っているかといえば、ひと言でいうと「数学力」を持っている人たちなのです。ＡＩを開発する人は、エンジニア、科学者など、いろいろな呼び方をされていますが、結局彼らが駆使しているのは数学とコンピューター言語です。

ＡＩも、そして実現に向かっているＡＧＩも、すべて数学の世界です。数学をまったく知らないと、何もわからない状況で新しいテクノロジーに対面することになってしまいます。だから、生徒たちにはたとえＡＩを開発するエンジニアやプログラマーにならなくても算数の勉強をしたほうがいいんだよ、という話をしています。

この本を読んでくれている皆さんにも同じことを伝えたいのです。

ＡＩの設計ができるエンジニアレベルの数学を学びましょうといいたいわけではありません。新しいテクノロジーが出てきたときの背景にある数学を少しでも理解しておきましょう、ということを私はおすすめしているのです。

私の世代では、高校あたりから、クラスが理系と文系に分かれていました。ただ、世界を見渡すとそうした理系や文系といった分類はそもそもないのですが……。

特に日本では昔は数学が好きな人は理系に進み、数学が嫌いな人は文系に進むというのがセオリーでした。でも今の時代、これからの時代というのは「数学が嫌いだから、という逃げ道はないんだよ」と警鐘を鳴らしています。

例外となるのは、芸術家として飯を食っていく人、しかもコンピューターを使わない芸術家。あるいは、プロのアスリートとして飯を食っていく人、しかもコンピューターを使わないアスリートということになるでしょう。でも実は、これらの職業においてもコンピューターを使わないというのはなかなか難しいフェーズに差し掛かっています。

私が知る限り、現在プロの芸術家として活動している人たちは、ほぼ例外なくコンピューターグラフィックを駆使して作品を制作しています。アスリートも同様でしょう。つい先日もメジャーリーグの大谷翔平さんの試合をテレビで見ていた時に、大谷さんがベンチに戻ってすぐにタブレットを見ていたのが印象的でした。おそらく、あれはピッチャーの球種や自分のバッティングフォームなどを分析していたのではないでしょうか。つまり、コンピューターを使っているわけです。誤解を恐れず言えば、芸術家もアスリートも超一流になればコンピューター（数学）を駆使しているということになるのです。

だからこそ、冒頭にお話ししたように小学生の段階で算数を勉強する。もう少し大きくなったら今度は数学を勉強するのです。

最近、私の生徒の一人が作曲家としてデビューしたといううれしい知らせがありました。今はプロの作曲家についていろいろと教わっているそうですが、「竹内先生が算数や数学が大事だよと言っていたことが、今ならよくわかります」という言葉が何よりもうれしく思いました。

私の学校の子どもたちに教えている「未来予想図」

「これからの日本ってどうなっちゃうの？」

「やっぱり、海外に出たほうがいいの？」

私の学校の子どもたちからこのように聞かれることがあります。そんな時、私はいつもこのようにアドバイスしています。

「どっちに転んでも大丈夫なように備えておくのがいいよ」

これがどのようなことか、順を追って説明しましょう。

今のところはまったくその兆しはありませんが、もしかすると日本も経済的に復活するかもしれないという可能性があります。私がまだ気づいていない、何かしらの方法で日本が劇的な復活を遂げるかもしれない。そうなれば、今の子どもたちが大人になり、社会に出たときに、日本でも豊かな生活を送れるようになるかもしれません。

その一方で、日本ではバブルが崩壊した原因やその責任が曖昧なまま、「失われた30年」が過ぎてきたわけです。だから、「もし次の30年も失われるようであれば、そのときは海外で生きていくしかないね。そのために今、みんなは一生懸命英語を勉強しているんだよ」と子どもたちには話しています。

私の学校で、子どもたちがクリエイティブな発想ができるような授業ばかりやっているのは、やがて社会に出た後になんでも自分でできるようにという目的があるからです。だから今のうちにたくさん失敗してもらう。そうして強くなる。すると、たとえ海外に行っても生き抜く力を身につけられるのです。

このように、「どっちに転んでも大丈夫なように備えておく」ということを実践しているのが、まさに私の娘が受けている教育です。

日本の受験制度に飲み込まれないように。それは私自身が受験を通ってきた人間としてあまりにも弊害が大きかったからです。受験勉強をあまりにもまともにやってしまったために、自分のクリエイティビティな発想にストップをかけられたなというイメージがあるからです。

よく、「受験だっていいことがある」という人もいますが、正直なことをいえば「そんなものをやる暇があったら、もっと自分の好きなものを何か探究していくような活動にその数年間を費やすべきだ」というのが私の考え方です。

そしてもうひとつ、子どもたちからこんな質問をされることがあります。

「ＡＩって勉強のときに使っていいの？」

この質問に関しては、私自身は「もちろん、使っていいよ」と言っています。

ただ、これは先生によって意見が異なります。「使ってはダメ」という先生も中にはいます。私の学校にも、英語の宿題を生成ＡＩだけでやってきた生徒がいたのですが、英語の先生に怒られていました（笑）。難しい単語ばかり使って英語の文章を書いてきたので、「キミ、この単語絶対知らないよね」とすぐにばれてしまったようです。

私がＡＩを勉強に使っていいと申し上げたのは、この生徒のようにただＡＩを使ってそのまま宿題を提出するのではなく、まずは自分でしっかりと知らない単語の意味を調べて理解する。それができれば、その先の学習サポートにＡＩは使えるという意味なのです。

この先ＡＧＩが実現すれば、個々に合わせてカスタマイズされた学習方法をＡＧＩが提供してくれることで、子どもたちはより効率的に学習の質を向上させることができるようになるでしょう。

ただその一方で、ＡＧＩが出してきた答えをただ単に〝横流し〟するのではなく、自分の頭でしっかりと理解する力も同時に養っていかなければなりません。なぜなら、その分野の最低限の知識が身についていなければ、ＡＧＩの出す答えを検証することができないからです。

こんな先生ならAGI時代にも生き残れる

「ＡＧＩが実現したら、先生という仕事はなくなっちゃうの？」

学校などに講演に行くと、ときどき先生たちからこんな質問をされることがあります。

そんなとき、私はこう答えるようにしています。

「たしかにこれから先、ＡＩ先生は確実に増えていくでしょう。でも、たとえどんなにＡＩが発達しようとも、生き残る先生がいるのもたしかです」

これがどのようなことか、ご説明しましょう。


従来の教育の中に、例えば生徒に漢字の書き取り、九九や計算ドリル、あるいは英単語の暗記をさせるといった授業があります。こうした授業はもはやＡＩ先生で事足りてしまうでしょう。

では、ＡＩ先生やこの先ＡＧＩ先生ができないことはなんでしょうか。そこに人間の先生たちが生き残るヒントが隠されています。

まず1つめは、「クリエイティブな先生」です。

例えば、数学の授業をすべてAI先生が担う。私はこれには反対です。なぜなら、その先生でなければできないインパクトのある授業が教育現場には必要不可欠だからです。

例えば、授業で素数を生徒に教えるにしても、どう教えるかは、先生のクリエイティビティによって大きな差が出ます。「はい、これが1から100までの素数です。25個あります。覚えてください」と教えるだけであればAI先生で十分です。

そうではなく、「素数って何だろうな。なんで数学者は一生かけて素数を研究するんだろう」。

そこから、いろいろなエピソードを交えて、生徒たちの好奇心に火をつけられるような先生は、必ずは生き残ることができるというわけです。

「インターネット上に暗号がたくさんあることはみんなも知っているよね。インターネットショッピングでもインターネットバンキングでもみんなが知らないうちに暗号を使っているんだよ。それがどうして使えるかというと、素数が関係しているんだよ。大きい素数の掛け算をすると、もっと大きい合成数になるんだ。その掛け算は誰でもできるんだけど、逆はできないんだよ。ある大きな数があったときに、それを素数に分解するってめちゃめちゃ大変なんだよ。なぜかというと、最初2で割れるかをやってみて、3で割れるかやってみて、5で割れるかやってみて、というように、1個1個試すしかないから時間がかかっちゃう。それを暗号システムに使っているから、暗号を解読するにはすごい時間がかかるんだよ」

こんな話ができるのは、クリエイティブな先生ならではです。

そして2つめは、「生徒の人間力を向上させることができる先生」です。先生という仕事は、ただ単に勉強を教えるだけではありません。生徒一人ひとりの人間力を向上させることも先生の大きな使命だといえます。

生徒たちと真正面から向き合い、個性を見つけてそれを伸ばしていく。こうした人間味のある仕事は、たとえＡＧＩが実現しても代替えされることはないでしょう。

さらにいえば、子どもたちの心の成長を手助けできる先生も必要です。

心の成長というと、さまざまな教育が考えられますが、私が真っ先に挙げたいのが「やさしさ」です。やさしさとは、言い換えればそれは「いかに他の人のことを考えられるか」という能力です。

いつの時代においても、たとえＡＩがこの先どんなに進化しようとも、他人のことを考えられるやさしさというのは絶対に必要なものです。なぜなら、このやさしさだけは、たとえＡＧＩが理解はしても、本当の意味で持つことはできない、人間だけが持てる特性だからです。

そして3つめは、「子どもの個性を見出せる」先生です。

私もこれまで多くの子どもたちと接してきましたが、子どもの個性というのは実に興味深いものです。例えば、何かのプロジェクト学習をやらせたりすると、それぞれの子どもの個性が浮かび上がってきたりします。

リーダー気質の子どもがいれば、リーダー的な子どもをちょっと後ろでフォローしている「ナンバー2」的な存在の子どももいる。あるいは、「これはこうしたほうがいいかもしれない」といった参謀的な子どもや、みんなが躊躇していることを思い切ってチャレンジする「最初のペンギン」的な子ども、とにかく目の前の作業にただただ熱中している子どもなどなど。こうした個性というのは、やはり教育現場にいる先生が見出してあげる必要があるのです。

というのも、子どもたち本人にとって、自分の個性というのは、なかなかわからないことが多いからです。本人は単に「これが好きだから」「やっていて楽しいから」という感覚しか持ち合わせていないのですから。

こうした子どもたちの個性の話を教育者にすると、ときどき「それって親御さんの役目では？」と疑問を投げかけてくる教育者がいます。でも、実は親御さんたちが子どもの個性を見逃してしまっていることのほうが圧倒的に多いのです。その理由は明白です。

子どもたちは朝起きたら朝ご飯を食べて「行ってきまーす」と学校に行ってしまいます。「ただいま」と学校から帰ってきても友達と遊びに出かけてしまう。帰ってきてもお風呂に入ってご飯を食べて、宿題をしてテレビを見て寝てしまう。すると、実は子どもの個性が見えていない部分も多いのです。他の子どもたちと一緒に過ごしている時間も、見る機会は限られています。

一方、学校では違います。学校で先生というのは、大勢の子どもたちの比較の中でその子の尖った部分が見えやすいのです。まさに、一目瞭然なのです。

この子は芸術の才能がある。音楽の才能がある。パソコンすごいよ、やっぱり数学が得意だね、などとすべてわかる。だからこそ、先生が子どもたちの個性を見出してあげて、尖った部分を育てるためのアドバイスをするというのが先生の重要な仕事になってくるわけです。

子どもたちのレジリエンスを育んであげる先生が必要

これまでは、みんながバランスよく全部のことが平均的にできるようになれば、会社にみんなで入ってみんなで働いて大量生産をしていればいい時代でした。

ところが、これからの時代はＡＩやＡＧＩ、ロボットなどが仕事をするようになれば、人間は何か尖った個性がなければ生きづらくなってしまいます。

子どもたちの尖った部分を見出すのはＡＩ先生ではなく、人間の先生の重要な役割だと私は考えています。

そのときに大事なこと。それは、子どもたちを失敗から立ち直らせることができる先生の存在です。

ＡＧＩが実現すれば、ＡＧＩが一人ひとりの子どもにとっての強力なパートナーであり、アドバイザー的な存在となり得るでしょう。

「キミはこれが得意だからこうした仕事に進むべきだ」とか、「キミは運動能力が高いけどプロ野球選手になれる確率は20％だからおすすめしない」など、ＡＩがその子の個性や能力に合わせた分析や判断をしてくれるようになるでしょう。

ところが、私たち人間の考えや行動は、すべて数式や科学的根拠だけで決まるものではありません。私たち人間は、時には「理屈じゃない」といって開き直るときがありますよね。「根拠がなくてもこれをやりたい」という時が誰にでもあるはずです。

そういった、いわば「人間臭い」部分というのがこれからの時代には必要で、合理的ではなくとも挑戦したい、そして、たとえ失敗をしても、失敗から立ち直る力を育てるのはやはり人間の先生だけが子どもたちにしてあげられるものなのです。

たくさん挑戦して、たくさん失敗をして、それによって心を強くしていく。次もまた新たな挑戦ができるように、粘り強く失敗から立ち直る力、いわゆるレジリエンスを育んであげてほしいのです。

いまの世の中で大人たちを見ていると、すごく才能があるのに挑戦しないという人が多いと感じます。それは、子どものうちにこのレジリエンスを育んでこなかったからです。

子どものうちに心が強くなっていくと、「あのときの失敗に比べれば、これはたいしたことじゃない」という考え方ができるようになります。それは学校で先生が子どもたちに体験させてあげるのがベストだと私は思っています。

医療現場もAGIで変革をもたらしていく

近年、ＡＩが医療現場を支援することも増えてきました。

日々発展するＡＩの医療現場への導入は、診断や治療、そして新薬の開発などに大きな変革をもたらすと期待されています。

ここでは、医療現場でのＡＩ導入事例、そして今後の医療現場にＡＧＩが導入される可能性について解説していきましょう。

まずは、ＡＩによる画像診断です。

現在、レントゲンやＣＴスキャン、ＭＲＩなどの画像診断においてＡＩは高い精度を発揮しており、医師がより正確かつ迅速な診断を下す助けとなっています。

医療現場では病気の見逃し防止や早期発見が何よりも求められているわけですが、ＡＩと医師によって「ダブルチェック診断」を行うことで、これまで起こり得ていたヒューマンエラーの防止にひと役もふた役も買っているのです。

医療現場におけるＡＩと医師のダブルチェック診断には、３つのパターンがあります。

１つめは、医師が画像診断する前にＡＩが画像を分析し、その結果を医師が分析するパターン。２つめは、医師が画像診断した後、ＡＩが画像を分析して医師が正しい診断をしたのかを確かめるパターン。そして３つめは、医師とＡＩが同時に画像診断するパターンです。

こうした3つのパターンでＡＩと医師によるダブルチェック診断を行うことにより、診断ミス、医療ミスの削減に貢献しているのです。

今後ＡＧＩが実現すれば、現在よりも極めて精度の高い画像診断が可能となり、医師の負担軽減にもつながっていくでしょう。

現在の医療現場におけるＡＩの活用は主に特定のタスクに特化していますが、ＡＧＩが実現すればその汎用性によって、これまでのＡＩの領域を超えた医療提供が可能となります。

そのひとつが個別治療です。ＡＧＩにより個別治療が大きく前進することが予測されます。

ＡＧＩによる個別治療では、患者の健康状態や個々のニーズに合わせて、最適な治療方法を提案することができるようになるでしょう。患者の遺伝子情報や病歴、生活習慣といった多様なデータを総合的に分析し、精度の高い早期治療にも期待が持てます。こうしたＡＧＩによる治療プランの構築は、副作用のリスクを最小限に抑えるなど、個別治療の進展を加速させることに違いありません。

さらに、ＡＧＩの活用が期待される分野は、新薬の開発です。

新薬の開発というのは、10年以上の開発期間と数千億円を超える開発費が必要とされる難しい分野です。しかも、それだけの時間とコストをかけても治療効果が見込めなかったり、副作用が見つかったりする可能性も高いため、新薬が実用化される確率は数万分の1ともいわれています。

現在も新薬の開発にＡＩが活用されているわけですが、そうした状況から見ると、ＡＧＩの実現によってそのパラダイムは、大きく変わることになるでしょう。

ＡＧＩの特徴である大量データを用いた高度なデータ分析によって、従来のＡＩや人間では気づかない細かな違いや共通点を発見することが可能となり、開発期間の短縮や開発費の削減、さらには新薬の安全性に、より期待が持てます。

また、ＡＧＩならではの新薬開発として、遺伝情報に基づいて個別の患者に最適な薬剤を開発するといった、より安全で効果的な薬剤の開発が実現するかもしれません。

このように、ＡＧＩは医療現場においてさまざまな形での活用が期待されています。

自然災害に向けた「ＡＩ防災」は一気に加速する

日本は世界的に見ても自然災害の発生数が多い国だといえます。

自然災害は人間の頭脳だけでは到底防ぐことができないため、近年ＡＩを活用した「ＡＩ防災」が注目を集めています。

ＡＩ防災とは、その名の通りＡＩの技術を用いて行う災害対策のこと。過去の自然災害などのビッグデータをＡＩを用いて分析したり、災害発生時にはＡＩドローンなどを使用してリアルタイムに被害状況を把握することで、二次災害を未然に防いだりするという狙いがあります。

また、最新のＡＩ技術の活用で、これまで人間では予測が不可能だった地震や台風など、さまざまな災害発生の事前予測も実現に近づいています。

例えば、地震予知がその好例でしょう。

これまで私のような科学畑の人間や専門家の間では「地震の予測は今後も不可能だろう」と考えられてきました。

なぜなら、地震を科学的に考えてみると、基本的概念として「複雑系の数理」に支配されているからです。複雑系の数理とは、どんなに数値的な計算をしても精密な答えが出ない数学を意味します。わかりやすく説明しましょう。

例えば、１本の鉛筆があったとします。その鉛筆の両端を持って２つに折ろうとぐっと力を入れれば、いずれ鉛筆は折れます。それは誰にでもわかるわけですが、いつどのタイミングでどう折れるかは、精密な計算ができません。これが複雑系の数理というもので、地震もこうした複雑系の数理に支配されているのです。

ところが、近年ＡＩ技術を活用した地震予測に一筋の光が見えてきました。
それは、東京大学名誉教授の村井俊治さんが開発した「ＭＥＧＡ地震予測」というものです。このＭＥＧＡ地震予測は、全国約１３００カ所にあるＧＰＳデータをＡＩにインプットさせ、最新の電子基準点の動きとの照らし合わせを行い、地表の異常変動を察知するという仕組みです。

そして、全国30エリアの中から「３カ月以内に震度４以上の地震が発生する可能性がある場所」を割り出していくそうですが、その精度はおよそ7割だというから驚きです。今後は3割の失敗事例をＡＩに学習させることによって、さらなる精度向上を図っていくとのことです。

また、地震発生時には、ＡＩを活用した情報収集によって被害の早期把握や迅速な支援活動も期待できます。

例えば、津波被害の軽減目的として行われている産学官連携のプロジェクト事例もあります。川崎市臨海部の津波を予測するプログラムでは、ＡＩ技術によって各エリアの地形を考慮し、エリアごとに津波の到達時間や浸水の高さなどの計算を可能にしました。さらに、今後発生のリスクがあるとされる大地震に備えて、津波被害を軽減するために避難をサポートするスマホアプリも開発されています。浸水予測や現在地の危険度などがシミュレーションから表示され、地域住民が緊急時に安全に避難できるツールとしての活用が見込まれます。

こうした現在活用されているＡＩ技術がさらに発展し、ＡＧＩが実現することで、自然災害に向けたＡＩ防災は一気に加速していくでしょう。

巨大地震の前兆をＡＧＩが察知し、震源地に近い住民たちは地震が起きる数時間前から避難ができるようになるでしょう。また、台風に関しても、ＡＧＩによって今よりも数倍精度の高い気象予測が可能となり、台風の進路や強さを割り出せるようになることでさまざまな事前対策ができるようになるかもしれません。

近年多発するゲリラ豪雨は、現在のＡＩ技術では予測が難しく、被害が大きいため自然災害における課題のひとつになっています。しかし、ＡＧＩによって気象学的なメカニズムを考慮した予報ができるようになれば、ゲリラ豪雨の発生を事前に知らせてくれるようになり、その課題を解決することができるかもしれません。

「太陽フレア」宇宙天気予報でＡＩを活用

２０２４年5月に大規模な「太陽フレア」が連続して発生し、その影響についてもニュースなどでたびたび取り上げられ、世間の関心を集めたことは記憶に新しいのではないでしょうか。

太陽フレアの影響で、本来は地球上のごく一部の地域でしか見ることができないオーロラが、日本各地でも観測されました。

「私の住んでいる地域でもオーロラが見えた！」

そんな方もいらっしゃるかもしれません。でもこれは、手放しに喜んでもいられません。

太陽フレアとは、太陽の活動が活発になることで、太陽の表面で発生する巨大な爆発現象のことです。

発生原因については諸説あるようですが、一般的にはコロナに蓄積された磁場のエネルギーがプラズマの熱や運動エネルギーに短時間で変換されて放出される現象であると考えられています。

太陽フレアが発生すると、電磁波や高エネルギーの粒子、それに電気を帯びたガスなどが放出され、これが数時間から数日かけて1億5000万キロ離れた地球に到達します。そして、地球の磁場に作用することで、あらゆる影響をもたらします。

例えば、世界中の通信システムに障害が発生することが懸念されています。その中でも特に影響を受けやすいといわれているのが、GPSと呼ばれる位置測定用の通信システムです。

このGPSは世界中のインフラにも使用されている重要な通信システムで、皆さんの車に搭載されているカーナビや飛行機の位置情報を取得するためにも活用されています。

GPSはいうまでもなく、私たちの暮らしの中で重要な役割を担っているわけですが、太陽フレアによって、このGPSに狂いが発生してしまう可能性があるのです。

また、ＧＰＳのほかにも携帯電話の通信障害や電力供給など、私たちの生活インフラに多大な影響を及ぼす恐れがあります。

実際に、２０００年代に入ってから太陽フレアによって起きてしまった被害の事例がいくつかありますのでご紹介しておきます。

２００３年、スウェーデンで送電システム障害、約1時間の停電が発生
２００３年、ＪＡＸＡのものを含む数十の人工衛星や惑星探査機が機能障害
２０２２年、スペースX社が2月に打ち上げた通信衛星49基のうち、40基が磁気嵐の影響によって喪失

このように、太陽フレアという自然災害によって私たちの生活はさまざまな影響を受けてしまうため、事前に大規模な太陽フレアの発生を予測して対策を取ることが急務とされています。被害を最小限にとどめるため、この太陽フレアの発生予測にも、ＡＩ技術の活用が進められているのです。

情報通信分野を専門とする日本唯一の公的研究機関である情報通信研究機構（ＮＩＣ

T）が開発した太陽フレアのＡＩ予報システム「Deep Flare Net」というものがあります。

現在、この「Deep Flare Net」では、ＡＩのディープラーニング技術を活用して、およそ30万枚もの太陽観測画像をＡＩに学習させ、24時間以内に発生するかもしれない太陽フレアの発生確率を予測することが可能となっています。

その精度も、従来の人間の手によるものに比べ約5割から約8割への向上を実現しています。

ただし、現在のＡＩでは24時間予測が限界なのですが、今後ＡＧＩが実現することで、2日先、3日先、あるいは1週間先と予測期間を延ばしていく可能性が出てくるでしょう。

また、現状では黒点の観測ができない太陽の東端や西端の太陽フレア発生についても予測できるようになったり、今までは不可能だった100年に一度起こる超巨大太陽フレアなど、データの少ない太陽フレアの解析も可能になるかもしれません。

ＡＩ家電で家事がもっと楽に

近年、ＡＩを搭載した家電製品が大きな注目を浴びています。

従来の家電製品は、単に日常の家事や生活を助けるツールにすぎませんでしたが、ＡＩ家電は私たちの生活をもっと便利に、もっと楽にしてくれるのです。

ＡＩを搭載した家電製品の特徴は、なんといってもユーザーの生活・行動パターンを学習し、よりパーソナライズされたサービスを提供できる点にあります。

私たちが日頃、生活の中で感じている「面倒だな」「やりたくないな」といった悩みを解決してくれることが、ＡＩ家電の最大のメリットではないでしょうか。こうしたテクノロジーの発展が、常に時間に追われる現代人にとって多くの恩恵をもたらしています。

ではここで、いくつかＡＩ家電をご紹介しながら、さらにＡＧＩが実現することを想定したＡＩ家電と私たちの未来についても考察してみたいと思います。

まず、ＡＩ家電の代表的存在は、お掃除ロボットです。お掃除ロボットとして有名な『ルンバ』も、２０２０年からついにＡＩを搭載しました。私自身、お掃除ロボットの最新版を使っているのですが、ＡＩが搭載されてようやく完全実用化の域に達したかなと感じています。

ＡＩを搭載したことによって物体の視認能力が格段に向上し、ぶつかる前に障害物をよけることができるようになりました。また、外出先から特定の部屋を指定して掃除させたりすることも可能です。さらに、日々の掃除スケジュールを学習してくれて、家庭の生活リズムに合わせて掃除を行ってくれるので、とてもありがたい存在です。

続いては、戦後日本に普及し、「三種の神器」と呼ばれた洗濯機、冷蔵庫、テレビについてご紹介しましょう。

ＡＩによって、洗濯機も大きな進化を遂げています。

洗濯物の量や汚れの状況をＡＩが学習し、最適な洗い方を自動で判断してくれるので、洗濯物を傷つけずにしっかり洗ってくれます。また、スマホと連動して買い物中や外出先からでも洗濯機の操作ができるので、時間を節約できます。

ＡＩ搭載の冷蔵庫は、旬の食材や冷蔵庫にある食材などからおすすめの料理を提案してくれたり、スマホのＧＰＳと連動することで生活リズムに合わせて節電してくれたりします。また、食材の適切な保存方法を教えてくれたり、中にはスーパーの特売情報を教えてくれたりする冷蔵庫まであるそうです。

テレビは、ＡＩが搭載されたことによってユーザーの好みや視聴履歴からパーソナライズされたおすすめコンテンツを提供したり、映像をリアルタイムで解析し、視聴環境に合わせて画質や音質を自動で調整してくれたりします。

三種の神器以外の家電にも、ＡＩの活用の可能性は大きく開かれています。エアコンは、天気予報と連動して快適な室温に調整したり、家族が集まるエリアをＡＩが学習して効率よく温度調整を行ったりすることができます。炊飯器は、ＡＩがその家庭の炊飯データを蓄積し圧力を調整して炊き上げてくれます。さらにはブラッシング認知機能を搭載し、しっかり磨くべき箇所を教えてくれるＡＩ搭載の電動歯ブラシなどもあります。

そして今後、ＡＩはさらに発展し、「ＡＧＩ家電」も登場することは想像に難くありません。

ＡＩの学習機能が強化され、センサーや音声によってさまざまな情報を学習し、膨大な量のデータをもとに、より高度な家電製品が誕生するでしょう。

この先もどんどん進化していくと予想できるＡＩ家電。私が想像するＡＧＩ家電の未来、そのキーワードは「パーソナライズ×サステナビリティ」です。

個人々々の生活習慣を細かく学習できるＡＧＩ家電に囲まれ、私たちはより豊かな暮らしを実現できるかもしれません。

もしかしたら、最近飲みすぎのお父さんが冷蔵庫を開けると、「最近飲みすぎですね。お酒は控えめにしましょう」などと冷蔵庫が気遣ってくれるかもしれません。または、食卓のメニューをＡＧＩが記憶してくれることで個々の栄養バランスを考えたレシピを提案してくれたり。そんな想像をすると今からワクワクしてきます。

さらには、ＡＧＩ家電が究極のエコシステムを実現してくれるかもしれません。近年高騰する光熱費の節約や、効率よく食材を使う、買い足す提案をしてくれればフードロスを減らすことも可能です。

家電がＡＧＩによってよりパーソナルになり、よりサステナブルな機能を充実させることで、私たち人間はやるべきこと、やりたいことにもっと時間やお金を費やせるようになるでしょう。

第4章

AGIが実現したら私たちのビジネスはどうなるのか？

AIが人間のサポートから「パートナー」に変わる

第4章ではAGIが現実のものとなったとき、私たちのビジネスはどうなっていくのかについて考察していきたいと思います。

ビジネスにおけるAI活用の大きなメリットとして、さまざまな専門知識を持った人々の知識やスキルをAIが学習することによって、そうした高度な知識やスキルを持っていない人々が活用できるということが挙げられます。

興味深い事例をご紹介しましょう。

トヨタ自動車がモータースポーツの知見を車両開発だけでなく、自動運転にも応用し始めました。同社は、プロのラリードライバーの走行データを反映した自動運転技術により、一般のドライバーが突然の障害物や雪道といった極限状況に遭遇した際にも事故を回避できる、より安全な自動運転の実用化を目指して開発を進めているそうです。

ここでひとつ、私の実体験をご紹介しましょう。

先日仕事で京都に行ったのですが、駅前のタクシー乗り場には長蛇の列……。現状としてタクシーの運転手は不足しているようです。

ようやくタクシーに乗り込むと、その運転手さんはただただカーナビに従って運転するだけで、途中で渋滞に巻き込まれながら何とか目的地に到着しました。私はそのとき、「これならＡＩの自動運転でも十分だな」と思いました。

その一方で、渋滞をうまく切り抜けてくれた運転手さんがいました。

先日東京で撮影の仕事があり、自宅からある撮影スタジオにタクシーで向かっていたのですが、その途中で想定外の事故渋滞に遭遇してしまいました。

すると、運転手さんがすぐに察知して「じゃあ、裏道を行きましょう」と、狭い住宅街に入っていきました。そこは地元住民の私でさえ知らない道で見事に渋滞を回避し、時間通りにスタジオに到着できたのです。私はこのとき、「あのような運転手さんの高度な専門知識をＡＩが学習データとして取り込んだら、きっとタクシーの自動運転も加速するんだろうな」と感じました。

このようにＡＧＩ以前のＡＩといえば、どちらかといえば人間のサポートをするという役割があったわけですが、この先ＡＧＩが実現されると、どうなっていくのでしょうか。私はサポートというよりも「パートナー」というレベルに到達するのではないかと予測しています。

車の例でいえば、ＡＧＩが実現することで、車そのものが「人格」のようなものを持つというか、人間のような役割を担うようになるのではないかと考えています。

例えば、運転している人が車と対話することが可能になり、「そろそろ、運転を代わりましょうか」と言ってくれるかもしれない。あるいは、危機的な状況のときには有無を言わさずにＡＧＩが主導権を握って危険回避するなど、そういう関係になってくる。いわば、１人で車に乗っていても、まるで2人の人間が乗っているような感覚です。

渋滞している道や知らない道となれば臨機応変に運転を代わってくれたり、さらに、車に乗りながらＡＧＩと会話をしていて、スケジュールの話もできたりするようになる。まるで優秀な秘書のような役割さえＡＧＩが担ってくれるかもしれません。

例えば、急な出張が決まったときでも、その場でＡＧＩに「飛行機のチケットとホテルの予約を取って」と依頼すれば、すぐに手配してくれる。つまり、車自体が自分のオフィスであり、運転手兼秘書がついたチームのような存在になる可能性すら秘めているのです。

ＡＧＩに代替されないビジネスモデルとは

私の祖父は晩年、鎌倉に住んでいたのですが、東京の病院に行くときにはいつも同じタクシーの運転手さんを指名していたといいます。とても愛想がよく、道にも詳しい。病院の帰りには行きつけの蕎麦屋さんに立ち寄ってくれたりもしたそうです。祖父が信頼していたのも頷けます。

私は先に、タクシーの運転手さんはＡＩの自動運転でも十分であろうと述べましたが、こうした付加価値を提供できる運転手さんは、おそらくＡＧＩが実現しても間違いなく生き残っていけるでしょう。

私を定刻通りに撮影スタジオに連れて行ってくれた運転手さんもまた、「カーナビにも出ないような道を知っている」という付加価値を持っていることで、今後も生き残っていけるでしょう。

私はそのような付加価値の部分をＡＩに学習させることでタクシーの自動運転技術が

加速すると先に述べましたが、その一方でこのような考え方もできます。

「果たして人間がそのような付加価値をＡＩに学習させるかどうか」

つまり、自分だけが持っていれば自分だけの利益になるような付加価値を、わざわざＡＩに与えてしまったら、それがやがてみんなのものになってしまうので、付加価値ではなくなってしまうわけです。

そう考えれば、常にそういった有益な知識や高度なノウハウのようなものは、人間がそのまま自分で保持していくことで、ＡＩに代替されないこの先も安泰なビジネスモデルになり得るということになります。

老舗のウナギ屋さんに行くと、創業以来継ぎ足してきた「秘伝のタレ」を持っているといいます。どんなにＡＧＩが学習して成分を分析したとしてもきっと同じタレはつくれないですし、タレの中に入っている調味料だけでなく、その風土や時代、空気など、ＡＩでも再現できないものもあるのです。

もうひとつ、最新の事例をご紹介しましょう。

最近、ニュース番組などで、「ここからはＡＩ自動音声でお伝えします」というコメントを見たり、耳にしたりしている方も多いのではないでしょうか。

私も実際に聞いてみたのですが、イントネーションがやや不自然だと感じましたが、それほど意識しなければＡＩか人間かわからないレベルでした。

スタジオには人間のアナウンサーがいるのに、なぜＡＩがニュースを読んでいるのでしょうか。

このＡＩ自動音声技術を開発したＮＨＫによれば、まずアナウンサーの人員が限られているということが、理由のひとつにあります。特に、地方局では数少ないアナウンサーに仕事が集中しているので、ＡＩに代替できる業務はＡＩに任せることで、人間のアナウンサーの負担軽減や働き方改革につながるということのようです。

一部のニュースに「ＡＩアナ」を使うことでアナウンサーの負担だけでなく、編集や技術スタッフの仕事を削減できるわけですが、その一方で人間のアナウンサーにしかできないアナウンスもあります。

緊急速報やリアルタイムで状況が変わる災害情報の対応、中継場所に出向いて視聴者に状況を伝える場面では、当然ＡＩには任せられません。

そう考えれば、ＡＩによるアナウンスは、人間の業務の一部は代替できても、人間のアナウンサーの仕事は今後もなくなることはないと言えるでしょう。

熟練の技をＡＩが受け継ぐ時代がやってきた

古くからこの日本ではさまざまな分野において「職人技」が脈々と受け継がれてきましたが、こうしたベテランの技術は、時代の移り変わりや後継者問題などで継承することが難しくなってきています。

そうした課題に対し、ＡＩを活用して解決しようという動きが現れています。ＡＩがベテラン職人の技や経験を学習し、他の人間が再現できる仕組みを構築しようとしているのです。２つ事例をご紹介しましょう。

１つめは、学校の時間割作成です。

学校の時間割というのは、すべてのクラスの授業が重複せずにスムーズに行えるように配慮しなければならないため、時には何人もの先生が徹夜で作業するということもざらにあるようです。

実はこの時間割作成は、コンピューターが普及してからも容易に編成することはできなかったようです。なぜなら、授業のコマ数や教室の空き状況、各先生の都合など、あまりにも条件が多岐にわたり複雑だからです。たとえコンピューターを駆使してもすべての制約条件を満たす時間割の作成は難しく、結局はベテラン先生の「職人技」に頼らざるを得ない状況となっていました。

しかし、ベテランの先生に頼ることによるリスクもあります。学校の先生には転勤や定年がつきものだからです。ベテランの先生が他の学校に転勤になったり、定年を迎えてしまったりしたために時間割が作成できないなどということになったら大変です。そこで、こうしたベテランの先生の「職人技」をＡＩが継承する時代がやってきたのです。

ベテランの先生が過去に作成した時間割やさまざまな情報をＡＩが学習を繰り返すことで、最適な時間割を自動で編成できるようになり、先生たちの負担軽減に大きく貢献しているのです。

ただ、現在のＡＩでは、イレギュラーな授業や行事などが入って時間割を再編成することにはまだ対応できないようで、その作業は先生がその都度手作業で行っているようです。この先ＡＧＩが実現すれば、そうしたイレギュラーにも対応した完璧な時間割がＡＧＩによって作成できるようになるでしょう。

鉄道を中心とした「ダイヤ」作成についてもＡＩが活用されるようになっています。ダイヤには、横軸に時刻、縦軸に駅名が記載され、列車の動きを一本の〝スジ〟で表した線が引かれています。その作成には緻密な「職人技」が必要とされ、そうしたダイヤを作成する鉄道職員を「スジ屋」と呼んでいます。

私たちはよく、「ダイヤ改正」という言葉を耳にしますが、ダイヤ改正ではラッシュ時や慢性的に遅延が発生する区間など、現行のダイヤの運用データを把握したうえで列車の時刻変更や本数変更に合わせて熟練のスジ屋がスジを引き直していました。そして、コンピューターが普及すると、徐々にデジタルへと切り替えられてきました。さらに近年では、ＡＩが活用されるようになったのです。

運行管理や交通系ＩＣカードの利用データから、鉄道の利用状況をＡＩが学習し、利用者のニーズに合わせてダイヤ改正をしたり、事故や災害でダイヤが乱れたときに正常なダイヤに復旧させるための「復旧ダイヤ」を作成したりする際にもＡＩが活用されています。

この先、各鉄道会社の相互直通が増えることで、列車運行が今よりもさらに複雑化していくことが予想されます。

そうなれば、ますますＡＩによる最適なダイヤの作成が必要不可欠になっていくでしょう。

将来的にはＡＧＩが鉄道の運行システムを管理することで、利用者数が増加しそうであれば増便を行い、減少傾向にある場合は減便を行うなど、柔軟で緻密なダイヤ作成が可能になるでしょう。これによって、利用者の利便性向上と運行コストの削減を同時に達成できる可能性を秘めています。ここでも、かつての「スジ屋」の方々が蓄積した大量のデータをＡＧＩが学習し、臨機応変に「職人技」のダイヤ作成が行われるようになるでしょう。

ダイヤ作成だけではありません。これまで人間が行っていた点検やメンテナンス作業も、基本的に鉄道が運行していない終電から始発の間という深夜の時間帯で行われているため、作業員の負担が大きいという課題がありました。

でも、AGIを活用して異常をいち早く検知できれば従業員の負担も軽減できるだけでなく、人間では発見が難しい異常も自動的に検知できるようになるかもしれません。

鉄道業界は今後もAI技術の発展とともに、AGIによってあらゆる革新がもたらされていくと考えられます。

なぜ、セガの新入社員は入社してから数学を勉強するのか

「コンピューターの背後に数学あり」

これは、私が常日頃から使っている言葉です。

先日、ゲームの開発や販売を手掛ける「セガ」のゲーム開発者にインタビューする機会に恵まれました。

お会いしたのは、あの有名なアクションアドベンチャーゲームの『龍が如く』の制作を担っている方だったのですが、こんなことをおっしゃっていました。

「我々の会社は1年かけて新入社員に数学の勉強会を実施しています」

いやはや、これには私も驚きました。

実際にどのような数学を勉強しているのかというと、高校の数学の復習から始まり、大学の初年度で学ぶ基礎の学び直し、そして応用といったものだそうです。

ちなみに皆さんは、「クォータニオン」という言葉をご存じでしょうか。

クォータニオンとは、アイルランドの数学者、ウィリアム・ローワン・ハミルトンが１８４３年に考案した数学の概念で、日本語では「四元数」と訳されます。

このクォータニオンは、今ではゲームのキャラクターや背景などを３次元回転させるときに応用されるもので、セガの新入社員には、このクォータニオンをしっかりと理解させてからゲーム制作の現場に出すそうです。

「この会社でゲームをつくりたい！」

そんな情熱を持って入社してくる新入社員の中には、学生時代にしっかりと数学を勉強してこなかった者も少なくないそうです。

もちろん、今やゲーム開発においては三角関数や行列をまったく知らなくても３Ｄゲームを作れる時代になっているそうですが、シェーダー（画面を描画する機能）をカスタマイズしたいときや、エンジンやライブラリにおいて技術的に高度なことをしようと思えば、やはり数学の深い理解が必要なのです。

こうした数学の知識というのは、ゲーム業界だけの話ではありません。どんな仕事であれ、たとえ業務のサポートをＡＩにしてもらったとしても、最後の判断は人間がやることになります。そのときに「ＡＩには『ハルシネーション』という危険が伴っている」ということを知るためには、やはり数学を学んでおく必要があるのです。

ハルシネーションには、もともと「幻覚、幻影」という意味があります。例えば、生成ＡＩがユーザーの質問に対して、事実とは異なる内容や文脈と無関係な情報を生成することがあるのです。

「なぜＡＩはこのようなことを生成したのか」という原因を探る場合、数学の知識がなければチェックも推論もできないわけです。つまり、ＡＩの理解はいかに数学を理解できているかにかかってくるのです。

たしかに、多くのビジネスパーソンは、今から難しい数学を勉強しなくてもいいでしょう。それでも、ＡＩリテラシーを学んでおくべきだと先に述べたのは、そういった明確な理由があるからです。

何度もいいますが、普通のビジネスパーソンが自分でＡＩのプログラムを組めるようになるという必要はまったくありません。

あえてたとえるならば、腕時計の中身を全部知っている必要はありませんが、なんとなくこんな仕組みで腕時計というのは動いているんだなといった、いわば基本中の基本だけは押さえておいて損はありません。

ＡＧＩによって企業の組織や役職がこれだけ変わる⁉

組織のカタチをどのようにするのか。

役職ごとにどのような権限を与えるのか。

これらは、現代のように複雑多様で競争の激しいビジネス社会で生き残るためには重要な要素です。

現在、日本では多くの企業が「ピラミッド型の組織」を採用しています。

ピラミッド型の組織形態では、最も権力のある社長（経営者）を配置し、その下に役員、部長、課長、係長、主任、そして一般社員という組織配置が一般的です。こうした組織構造を図にすると、まさにピラミッドのような三角形となるため、ピラミッド型の組織と呼ばれています。

ピラミッド型の組織のいいところは、明確な縦割り構造となっているため、責任の所在がはっきりしていることでしょう。

ところが、近年は環境の変化が激しく、企業組織は今後さらに迅速かつ柔軟な意思決定や行動が求められています。このため、トップからの命令がなければ動けないピラミッド型の組織から、環境の変化に柔軟に対応できる「フラット型の組織」に変える企業も少なくありません。

この動きに追い打ちをかけるのが、AGIだと私は予測しています。

すでに現在、AIが導入されている企業ではさまざまな組織形態の変化が見られます。例えば、AIが得意としている単純作業をAIに置き換えることで、今よりも少ない人材で同等以上の業務を回せるようになります。これによる人件費の削減に伴い、組織構造が見直されたり、新たな部署への配置転換などが進んだりしているようです。

そしてここからが本題です。ＡＩがさらに進化し、ＡＧＩが実現すれば、現在の企業組織や役職にどのような変化が訪れるのでしょうか。私は、究極のフラット型の組織になるのではないかと考えています。

「１人部隊のプロジェクトチーム」

これが、私の立てた仮説です。どのような組織形態なのか、説明していきましょう。

今のように何人かの社員でプロジェクトチームをつくるのではなく、一人ひとりが独立しているたった１人のプロジェクトチームがいくつもあり、それぞれが自分のやるべき仕事（プロジェクト）を進めていくという形態です。

「たった１人じゃ、チームと言えないのでは？」

そんな声が聞こえてきそうですが、１人の人間が司令塔となり、その周りはＡＧＩがサポートする。そんなイメージを持ってもらえるとわかりやすいかもしれません。つまり、すべての人間が〝マネージャー〟としての肩書を持ち、部下の代わりにＡＧＩをマネジメントしながらプロジェクトを進めていくのです。

世の中には、単に言われたことを言われた通りやるだけの「指示待ち人間」が大勢います。そんな指示待ち人間は、間違いなくＡＧＩに代替されてしまうでしょう。

そう考えれば、ＡＧＩが実現したときに人間がやる仕事は「新しい仕事（プロジェクト）を立ち上げること」と「ＡＧＩをマネジメントしながらプロジェクトを進めていくこと」に集中するのではないでしょうか。

会社経営をＡＩに任せられる日は来るのか

昨今のビジネスにおいて、ＡＩを活用しているという企業は確実に増えてきています。ある調査によれば、日本国内のおよそ半数の企業がＡＩを導入していると回答しています。たしかに、ＡＩの能力を活かすことで、より効率的な経営戦略を立てたり、意思決定したりすることが可能になるでしょう。

とはいうものの、ＡＩを会社経営に活かすといわれ、具体的にそうしたイメージができている経営者はどれほどいるのでしょうか。

ＡＩを経営に活かす手法のひとつにデータ分析が挙げられます。

ＡＩが膨大なデータを学習できることで、従来では知り得なかった市場の傾向や法則、さらには新しいビジネスチャンスを発見することができます。経営者はより効果的な戦略を立てることで激化する企業競争に勝機を生み出すことができるのです。

さらに、こうした高度なデータ分析はリスク管理にも役立ちます。

例えば、新しい市場に打って出る際に、あるいは新しい取引先との契約、投資などを検討する際に、必要な信用リスクをＡＩで評価することにより、安心して新しいビジネスにチャレンジできるのです。

続いて挙げたい手法は、迅速かつ正確な経営判断のサポートです。

従来の経営判断といえば、経営者の過去の知識や経験に頼ったものが多く、状況が目まぐるしく変化する現代の経営環境においては、ときに誤った判断が下されることがあったのも事実です。その点、ＡＧＩを活用して科学的な分析を行えば、さまざまな情報やデータからビジネスにおける因果関係や未来予測が可能となり、最適な経営判断をサポートしてくれるわけです。

「よし、それならわが社も経営にＡＩを導入してみよう」

そんなふうに考えている経営者もいるかもしれませんね。ただ残念ながら、現代のＡＩ技術は人間の経営者の役割をすべて代替できるほど万能ではありません。ＡＩを経営に導入したからといって、必ず成功するとは限らないのです。

ただし、それがＡＧＩによって次のステップへ進もうとしています。

これまで述べた通り、ＡＧＩは人間以上の知識や能力を持ち、独自の学習能力を秘めています。ＡＧＩは複雑な情報を分析し、最適な選択肢を選び出す能力を得意とするからです。

では、具体的にＡＧＩが会社経営においてどのような役割を担ってくれるのか。具体的に考えられるのは、市場分析や業務プロセスの効率化です。

ＡＧＩが自ら学習し、新たな分析データを踏まえ、人間のように思考することで、より高い確率で迅速かつ正確な経営判断が行えるようになるかもしれません。

ただ、ＡＩの進化系ともいえるＡＧＩであれば、会社経営のすべてを任せることができるのでしょうか。私の答えはノーです。

複雑で多様で先が読めない現代のビジネスの世界では、「不確実性」というものが起こり得ます。

「季節商品を仕入れたが天候が悪く、大量の在庫が発生してしまった」、あるいは「新規店舗を開業したら、隣にライバル店が出店してきた」というような不確実性に、ＡＩは対応できません。だからこそ、会社経営に関してもＡＧＩにすべてを任せることを私は推奨できないのです。

やはり、経営における最後の意思決定は、人間の経営者がすべき役割ではないかと私は考えています。人間の経営者が持ち合わせている直感や勘。そうしたいわば非科学的な何かが、ＡＧＩが導き出せない不確実性への答えになることがあるからです。

ＡＧＩによって二極化が進むと予想される職業

この先もますますＡＩの進化が加速し、ＡＧＩが実現する社会を想像したとき、多くの職業で二極化が進んでいくでしょう。

ここで、二極化が考えられる職業をいくつか考察してみたいと思います。

まずは、ホテル・レストラン業界です。

お客様へ心のこもったおもてなしを提供する接客ビジネスの代表的存在であるホテル

やレストラン。こうした業界は、ほぼ例外なく二極化が進むと私は考えています。

現在、業務の効率化や人件費削減を目的に、比較的リーズナブルなホテルではＡＩの導入が進んでいます。ＡＩ搭載の入力パネルによって自動チェックインができるホテルが増えていますし、ホテルの清掃業務もロビーや廊下の掃除機がけといった簡単な場所であればＡＩを搭載した清掃機器で効率的に清掃でき、経営コストの削減につながっています。

今後ＡＧＩが実現すれば、お掃除ロボが清掃しやすいようにホテルの設計自体が見直され、清掃業務はますますＡＩに代替えされていくかもしれません。

そして、コンシェルジュサービスなどさらにホテル業務がＡＩに代替えされていくことは間違いありません。


その一方で、高級ホテルではＡＩやＡＧＩではなく、人間が人間をおもてなしすることに変わりはないでしょう。

きめ細かなサービスや相手の状況を先読みしながら臨機応変に対応にあたる。そうした心のこもったおもてなしというものは実にさまざまな要素が入ってくるので、ＡＩでは対応しきれません。なぜなら、過去のデータがない新規の顧客も来るわけですし、ときにはアメリカ大統領といった特殊なＶＩＰが来ることだってあります。だからこそ、高級ホテルでは引き続きプロフェッショナルな人間が、それぞれのホテル業務にあたるのではないでしょうか。

ただ、こうした高級ホテルがまったくＡＩを導入しないかといえば、それも違います。まず、予約管理システムにＡＩを導入することで、予約を自動で一括管理することができます。また、顧客満足度を高めるためにＡＩのデータ分析能力を活用して顧客の過去の選択や行動をもとに個別のニーズに合わせて、感動を与えるようなサービスを提供できます。こうしたことで、リピーターを増やすなどの戦略に役立つからです。

続いては、レストランについてです。

レストランもホテルと同様にＡＩが接客や調理をするお店と、人間が接客したり調理したりするお店というような二極化が進むと考えられます。

ＡＩ先進国であるアメリカのチェーン店では、各店舗の営業日ごとの来客数と各メニューの売れ筋をＡＩに予測させ、仕入れの効率化を図っています。また、ＡＩカメラを用いて店内の混雑状況や待ち行列の把握を行うことで、利益率の向上やスタッフ数の最適化が正確にできるようになり、一定の成果が上がっているといいます。

それではこの先、レストランがＡＧＩ化されると何がどう変わるのでしょうか。これまでのＡＩはレストランの個別業務を自動化してきました。しかし、ＡＧＩは、店長直属の「副店長」のような役割を担い、レストラン全体の業務を行うようになるでしょう。レストランの業務はお客さんに食事を出すだけではありません。材料の仕入れ、調理設備のメンテナンス、アルバイト応募の面接、インターネットなどを通じた宣伝活動などなど。これまでは、大きなレストランでは業務ごとに複数の責任者がいましたが、すべてＡＧＩがやってくれるようになるでしょう。事務的な仕事のほとんどをＡＧＩが引き受けてくれれば、レストランは、料理と接客に集中することができそうです。

そうしたレストランとは対照的に、ミシュランで星がつくような高級レストランではＡＩ、そしてＡＧＩに代替えされない「唯一無二」「門外不出」を売りにした、人間によるおもてなしや料理を提供するでしょう。

自分達がこれまで継承してきたノウハウや味といった財産をＡＩに学習させてしまえば、たちまち真似をされてしまう。それをさせない戦略を立てていく高級レストランは人間が人間をおもてなしする、人間が人間に料理を作るというスタンスを貫いていくはずです。

インバウンド需要が伸びて、日本の高級ホテルのレストランも海外からのお客さんが増えているそうです。実は私の家族が、そんな高級レストランの給仕の仕事をしていて遭遇した状況について、ここで考えてみたいと思います。

羽田空港から30分ほどの距離にあるそのホテルで朝食の準備をしていたときのことです。まだレストランは開いていないのですが、少し切迫した感じで外国からのお客さんがやってきて、「あと15分で空港へのシャトルバスに乗らないとフライトに間に合わないんだ。テイクアウトはできないか？」と言うのです。レストランは、ビュッフェ形式で、ほとんど準備は済んでいますが、まだ開いていません。私の家族は英語ができるので、そのお客さんとやりとりをしていたのですが、すぐに責任者と相談して、お客さんに容器を渡して、「お好きな食べ物を詰めていいですよ。でも、必ず新鮮なうちに食べてくださいね。また、公式にはテイクアウトはできないことになっているので、SNSで宣伝はしないでくださいね」と伝えたのです。

法律的な問題などもあり、アメリカやカナダでは当たり前にテイクアウトできる場合でも、日本だとできないこともあるのだとか。このような対応は、臨機応変でお客さんにも感謝されますが、グレーゾーンでもあり、AIもAGIも対応ができません。人間の判断には「遊び」の部分があり、それは、これからも人間の領域なのだと思います。

ロボットからロレックスやフェラーリを買う勇気ありますか？

AGIによって二極化が進むと予想される職業、続いては販売業です。

例えば、私はメガネをかけているので定期的にメガネ屋さんに行くわけですが、私はTPOに合わせて何種類かのメガネを使い分けています。

主に仕事などでかけるメガネは、金子眼鏡店という老舗のメガネ屋さんで購入するのですが、店員さんが丁寧に度を測り、何種類ものフレームやレンズを用意してくれて、その中から選んで後日お店に取りに行くという仕組みです。

一方で、私は趣味で「カポエイラ」をやっています。カポエイラとは格闘技、ダンス、アクロバット、音楽などさまざまな要素を含んだブラジルの伝統武術です。

カポエイラをするときにメガネが壊れてしまうと困るので、壊れてもダメージが少ない価格の安いメガネをかけるのですが、これはネットで購入しています。ネットでメガネを買うと、後日連絡が来て、「度を教えてください」という問い合わせに数値を入れて送る。たったそれだけで事が足りてしまうわけです。

おそらく、金子眼鏡店のような高級なメガネ店ではこの先も親切丁寧な人間のサービスが続く一方で、ネットで買えるようなメガネ屋さんはすべてＡＧＩが度を測ってくれたり、その人の好みに合ったフレームやレンズを提案してくれたりするようになるでしょう。

さらに、アパレル業界でも二極化が進むと予想しています。

私はたまに、ユニクロに洋服を買いに行くことがあり、週末などはレジに行列ができるのが残念だったのですが、近年導入されたセルフレジのおかげで待ち時間が大幅に短縮されていて驚きました。

その秘密は、「ＲＦＩＤ（無線自動識別）」というテクノロジーを用いたＩＣタグにあります。このＲＦＩＤとは、近距離の無線通信によって複数のＩＣタグの情報を非接触で一括読み取りできる仕組みです。

こうしたテクノロジーもさることながら、ターゲットになるお客さんが大勢いて、低価格に抑えた衣料品を大量生産するファストファッションのようなお店を中心に、今後は無人レジだけではなく、販売員もＡＩ化されていくでしょう。

ＡＧＩ化が進むと、その店舗全体の業務が統合され、最適化されるでしょう。細かい在庫管理だけでなく、商品の陳列のアイデアもＡＧＩが考えるようになるでしょう。さらには、顧客が端末から希望を述べると、ＡＧＩが最適な服の提案やコーディネートもしてくれるはずです。

その一方で、やはり高級ブティックのようなお店では、この先も販売のプロがその人に合った洋服を提案してくれたり、人間ならではのコミュニケーションで来店したお客さんを楽しませてくれたりすることでしょう。

私の親戚が長い間、高級ブティックの販売員をやっていました。彼女は「お得意様」との関係を築くのがうまく、きめ細かに一人ひとりの顧客のニーズを把握し、商品の提案をしていました。また、顧客の来店時にも多彩な話術で買い物を楽しんでもらっていました。人間同士の信頼関係というものは、家族や友人との間だけでなく、お店とお客さんとの間でも成立します。お金以上の何かがそこにはあり、仮にＡＧＩが普及しても人間の領域であり続けるのだと思います。

結局のところ、高級なものや価値の高いものの販売に関しては、この先もやはり人間が売っていく。安価で大量生産されているようなものの販売に関しては、ＡＩ、そしてＡＧＩによって代替されていく。一貫してこのような二極化が加速していくわけです。

ここでぜひ、考えてみてください。

時計好きの人が、ロレックスをＡＩロボットから買うでしょうか。

車が好きな人が、フェラーリをＡＩロボットから買うでしょうか。

こうした高級なもの、その人にとって極めて価値の高いものを買うお客さんには人間が対応する。いくらＡＩが進化したとしても変わらないはずです。

ただし、ＡＧＩが実現することでアパレル業界全体に大きなイノベーションが起こる可能性があります。

日々、急速に変化するトレンドや消費者の行動変化に対する予測は現在のＡＩにとっては難しく、間違った予測をするリスクが伴います。

例えば、ＡＩが過去のデータに基づいてトレンドを予測する場合、未来のファッショントレンドを捉えきれない場合が多いからです。

さらには、天候の変動や経済変化といった、予測困難な要素が多く存在することも起因しています。

こうして読み違えてしまった需要予測は売り上げの損失や大量の在庫を抱えることにつながるわけですが、ＡＧＩを活用すれば詳細なデータ分析を通じて正確な商品需要を予測し、需要予測の精度向上や必要な量だけを生産することが可能となるかもしれません。

第5章

業界別、ＡＧＩが新たに生み出す人間の新しい仕事

ＡＧＩの実現で新たに生まれる仕事とは？

ＡＩの進化が飛躍的に進んでいる昨今、「われわれの仕事の大半がＡＩに奪われていくんじゃないか」という不安を抱いている方も多いのではないでしょうか。たしかに、ある職種はなくなっていくでしょう。

ただ、そうしたＡＩの進化、そしてＡＧＩの実現によって、新たに生まれる仕事があるのも事実です。これについて考察していきましょう。

現時点では、ＡＧＩの実現によって新しく生まれる職業としての代表格は「ＡＩ関連」と「量子関連」の仕事です。これはいわゆる第四次産業革命の二本柱と私は考えています。

ＡＩ関連の仕事の代表格として考えられるのは、ＡＩエンジニアです。

ＡＩエンジニアは現在でもニーズが高い業種であり、主にＡＩコンピューターを動作させるためのシステムを開発設計し、運用やメンテナンスを行う仕事です。ＡＧＩが実現すれば、さらに社会でのニーズが高まっていくと予想できます。

続いては、ＡＩマネージャーです。

ＡＩマネージャーとは、人間とＡＩが共存する組織内でＡＩを管理する立場にある人間のこと。ＡＧＩの実現により、人間の仕事がよりＡＩに代替されていく未来において、ＡＩを管理する立場の人材がより求められるようになるでしょう。もちろん、ＡＩマネージャーにはＡＩに関する深い知識や技術力が求められることは言うまでもありません。

そして、私がいま最も注目しているのが、プロンプトエンジニアです。

プロンプトエンジニアとは、ＡＩから最適な回答を引き出すために、メッセージやコマンドなどを使用して指示を出すエンジニアのこと。ＡＩを競走馬に例えるならば、調教師のような役割を担う仕事です。

そもそもプロンプトとは、ＡＩに対してユーザーが入力する命令や指示のことを指しています。

例えば、生成ＡＩのChatGPTで皆さんがテキストボックスに入力する質問や指示などの文章がありますよね。あれがプロンプトです。

ChatGPTはこのプロンプトを分析し、回答を生成しているわけですが、ときにＡＩからまったく予想もしなかった回答が来たり、突拍子もない答えが返ってきたりすることがありませんか。これは、生成ＡＩに質問や指示を送るためのプロンプトが適切ではないためです。

つまり、プロンプトによってＡＩの生成する内容は左右されます。ＡＩから最適な回答を得られるようなプロンプトを開発するのがプロンプトエンジニアの仕事なのです。

そして、もうひとつの柱である「量子関連」の仕事についてです。

そもそも、量子コンピューターとは、量子力学の原理を用いて複雑な計算を行う新世代のコンピューターのこと。大量のデータを一度に処理し、これまで解決が難しかった複雑な問題を迅速に解決する可能性を秘めており、特に量子コンピューターのエンジニアなどで多くの人材が求められるでしょう。

量子コンピューターは現在のところ開発途上であり、まだ実用には至っていませんが、ＡＧＩと同様に近い将来実用化され、さらにＡＩと融合することでより高性能なＰＣやスマホの開発、気象予測や金融予測、自動運転やカーナビの精度向上などに大きな進展をもたらすと考えられています。

こうした開発や運用に携わる多くの人材が求められるというわけです。

ＡＧＩで誰もがアーティストになれる時代がやって来る

ＡＧＩの実現によって、新たに生まれる仕事はまだまだあります。

そのひとつとして私が注目しているのが、エンターテインメント産業です。

これからの時代はＡＩ、そしてＡＧＩが人間をよりサポートしていくことで私たちの生活に余暇も増えてくるはずです。そうした余暇で消費するもののひとつがエンターテインメントになることは想像に難くありません。

そして、ＡＧＩがそうしたエンターテインメント産業を繁栄させていく大きな可能性を秘めているのです。いくつか、その可能性について考察してみたいと思います。

まずは、漫画家です。

自分は小さいころから絵を描くのが好きだった。でも、絵を描くのは好きだけど上手じゃない。だから、漫画家になる夢をあきらめたという方もたくさんいるのではないでしょうか。これからの時代、絵が下手でも漫画家になれます。ＡＧＩがあなたの代わりに絵を描いてくれるからです。

逆に、自分は絵を描くのが上手。でも、漫画家になれなかった。なぜなら、セリフや脚本がうまく書けないからです、という方もいるでしょう。大丈夫です。そんなあなたも漫画家になれます。ＡＧＩがあなたの代わりにセリフや脚本を描いてくれるからです。

つまり、漫画家になるために自分に足りないものをＡＧＩが埋めてくれるわけですから、あなたがいい企画を持ってさえいれば漫画家として成功する可能性は大いにあると考えていいでしょう。

続いては、作曲家です。

ひと昔前であれば、音楽の仕事に就きたい、作曲家になりたいのであれば、幼少期から音楽の英才教育を受け、名門の音大を卒業して、それなりに楽器が弾けて、などといった非常にハードルの高い職業として考えられていました。

ところがこれからの時代、幼少期から音楽の英才教育を受けなくても、名門の音大を卒業しなくても、楽器が弾けなくても作曲家になれます。

頭の中でメロディーがつくれる。でも、残念ながらそれを楽器で表現したり、楽譜に落とし込んだりできないといったときでもＡＧＩがサポートしてくれます。

皆さんは、「1万時間の法則」というものをご存じでしょうか。

1万時間の法則とは、ある分野でスキルを磨いて一流と呼ばれるまでには、最低でも1万時間の練習や学習が必要だという考え方です。

元新聞記者であるマルコム・グラッドウェルが自身の著書である『天才！　成功する人々の法則』（講談社、２００９年　原題：Outliers: The Story of Success）の中でこうした概念を世の中に広めました。

例えば、ピアノを習得するのにこの1万時間の法則を当てはめてみましょう。1日の平均練習時間を3時間と仮定すると、1万時間はおよそ10年に相当します。まさに、膨大な時間をピアノの練習に割かなければいけないわけですが、ＡＧＩが実現すれば、こうした概念にピリオドが打たれるでしょう。

とはいえ、まったくの素人が音楽の仕事に就けるか、作曲家になれるかといわれれば、そうはならないと思います。これまで何度も出てきたＡＧＩと人間の関係を思い出してみてください。例えば、店長を全般的に助ける副店長の役割をＡＧＩが担う場合、店長は、当然ですが自分がいる業界やお店の全体像を把握していなければなりません。ＡＧ

Ｉは極めて有能な相棒ですが、ＡＧＩと一緒に仕事をする人間の側には、ＡＧＩをコントロールする能力が求められます。音楽の場合も、プロの音楽教育を受けた人間が使いこなしてはじめて、ＡＧＩは本来の能力を発揮すると思われます。でも、一人の人間があらゆる楽器を弾くことができない以上、それができてしまうＡＧＩと組むことで、未来の音楽は多様で奥深いものに変貌するのではないでしょうか。

次に、小説家についても考察したいと思います。

芥川賞を受賞した九段理江さんが受賞作『東京都同情塔』の5％前後で生成ＡＩの文章をそのまま使ったと述べたことで大きな話題になりましたが、選考委員会のメンバーからは「非の打ち所がない作品」と称賛されていました。

ただ、現状のＡＩではやはり人間が持つ複雑な感情やニュアンスの表現には限界があるため、ＡＩが生成した文章に人間が感情の深みやニュアンスを加えることで、はじめて読み応えのある小説になるわけです。

しかし、人間の感情を理解するＡＧＩが実現すれば、こうした小説の創作において重要な人間ならではの感性や創造性を表現できるようになるかもしれません。

人間の経験や感情をＡＧＩが学習し、深く細やかな感情を表現できる文章を書けるようになれば、１００％ＡＩが書いた小説が芥川賞を受賞する日が来るでしょうか。ここで注意したいのは、ＡＧＩが「心」を持っているかどうかです。芸術は、心の奥底にある衝動を表現する営みです。それがクリエイティブの定義だと私は考えています。だとしたら、心を持たない（＝意識を持たない）ＡＧＩが書いた小説は、芸術ではないのです。人間の作家の作風を真似ることは可能でしょうが、それは芸術とは言えません。しかし、人間の作家がＡＧＩを相棒として、作品を量産することは可能かもしれません。本来なら、1年に2作しか書けない作家が、ＡＧＩを駆使して執筆を支援してもらうことで、5作書くことが可能になるかもしれません。さらには、その小説を世界各国の言葉に翻訳してもらうことで、国境をまたいでその小説は読まれることでしょう。ＡＧＩにより、小説家は自分好みの挿絵を本に入れたり、（ある程度の）漫画化や映像化をしたりすることも可能になるかもしれません。芸術家にとって、ＡＧＩは、自分の作品世界を広げるために絶好なツールとなることでしょう。

ＡＧＩでエンターテインメントの世界が無限大に広がる

２０２３年夏、アメリカのハリウッド俳優などでつくられる労働組合がストライキを起こし、映画やドラマの制作が中断するといったニュースが世界中に流れました。Netflixやウォルト・ディズニーなどが加盟する全米映画テレビ制作者協会に対し、映画俳優が生成ＡＩで俳優の姿を複製するときに何の同意や対価もなく、ＡＩに仕事を奪われることを危惧していたからです。さらに、全米脚本家組合も同様に、脚本の執筆や書き換えにＡＩ言語モデルを使っていることに対して抗議をしていました。

このストライキは数カ月続きましたが、最低報酬の引き上げや動画配信の視聴数と連動したボーナスの支給、ＡＩの利用に対する制限や脚本家や俳優の権利の確保、などを盛り込んだ協定を結ぶことで合意したようです。

こうした騒動の一方で、ＡＩを活用することで新しく生まれるエンターテインメントもあります。

手塚治虫さんの代表作で、生命と医療をテーマにした漫画『ブラック・ジャック』の新作が生成ＡＩを使って生み出されたのです。

手塚治虫さんの長男で、この新作プロジェクトの総監督を務める手塚眞さんは、制作発表会でこう述べました。

「よく知られた作品に挑戦するという、非常に高いハードルですが、ＡＩをどのように使うとクリエイティブに有効なのか。ブラック・ジャックは約２４０話と作品数が多く、物語も複雑で、作家を分析するうえでもよい材料となります。発表できないレベルであれば、責任をもって止めます」

では、実際にどのようにして新作を生み出したのでしょうか。

ストーリーは、人間が生成ＡＩにプロンプトを入力することで、物語の大枠をＡＩに生成させます。

ただ、ストーリーの細かな設定や指示などを打ち込む必要があるので『ブラック・ジャック』や手塚治虫さんのほかの漫画作品、合わせて４００話分の物語の構造や世界観などの膨大なデータをＡＩに学習させ、プロンプトを自動で作成し、ＡＩに入力してくれるシステムを構築したといいます。

また、キャラクターもＡＩで生成。手塚作品のキャラクターの特徴をＡＩに学習させ、キャラクターの原案づくりに役立てていたようです。

ＡＩが「漫画の神様」の創造性にどれだけ近づくことができたのか。とても興味深い事例といえるでしょう。

こうした事例から学べることは、来たるべきＡＧＩのテクノロジーによってまさにエンターテインメントの世界は無限の可能性を秘めているということです。

例えば、もうすでに亡くなってしまった俳優さんや映画監督、脚本家などのデータを学習することで、新作を生み出すことができる。オードリー・ヘップバーン主演の『続・ローマの休日』だって製作できるのです。

ほかにも、ピカソの新作も描けるし、ビートルズの新曲だって生み出すことができるかもしれません。世界各国の眠っている文学作品を掘り起こして、それをＡＩで映画やアニメにだってできる可能性があるのです。

もちろん、肖像権や著作権の問題は当然あるわけですが、これは法律の整備をしていけば、おおよその問題はクリアされていくでしょう。

「ひとりスタジオジブリ」で大成功を狙え！

エンターテインメントの可能性についてもう少しだけ触れておきましょう。

日本のアニメは3兆円産業ともいわれ、世界中からも注目を浴びています。

ところが、現実的に制作現場は人手不足で悲鳴を上げているそうです。

そんな状況を打破しようと、Netflixが背景画像をＡＩに生成させた短編アニメ『犬と少年』を２０２3年に公開し話題を呼びました。3分ほどの短い動画ですが、約40カットの背景画に画像生成ＡＩを活用したのです。


Netflixはこのアニメについて、慢性的な人手不足で疲弊しているアニメーターの負担を減らすツールとして、ＡＩの画像生成技術を活用することを試みたプロジェクトだったと説明しました。私はこのニュースを聞いたとき、「およそ半世紀以上、大きく変わることがなかった日本のアニメ制作現場にＡＩという救世主が現れたな」と大きな期待を寄せました。なぜなら、アニメを作り上げるには私たちが想像している以上に膨大な手間と時間、そしてコストがかかっているからです。

一般的なアニメーションでは、1枚の絵を3コマで使用するため、1秒のアニメーションには8枚の絵が必要だといわれており、10秒なら80枚、1分間では480枚もの絵を描かなければなりません。

最近ではアニメの制作過程でもデジタル化が進み、CGによる作画が一般的になったことでアニメーターの作業の負担が軽減されている部分もあります。それでもやはり、ひとつのアニメを作るのに膨大な手間と時間がかかるという点は変わっていません。しかも、制作期間が長くなればなるほど、それに伴い制作費も膨大に膨れ上がっていくのです。

スタジオジブリは、誰もが知る日本を代表するアニメ制作会社です。宮崎駿監督を筆頭に、190人のスタッフたちが多くの人を魅了し続ける作品を生み出しています。

作品にもよりますが、ジブリで1週間に制作できる映画の時間は5秒ほどだといいます。ジブリが1本の映画を作るためには、最低2年間の時間が必要といわれています。その間に新作の上映がないと制作費はやがて底をつく。ジブリ映画で最高興行収入を記録した『千と千尋の神隠し』のようなヒット作を多く生み出す必要があるわけです。

こうしたジブリ映画のように、多くの人に愛されるアニメ作品がこれからも作られていくと同時に、生成ＡＩ、そしてＡＧＩが実現することでアニメ制作が今よりも少人数、短時間、低コストでできるようになっていくでしょう。すると、アニメのコンテンツ数が増加の一途をたどるでしょう。これが、私が立てた仮説でもあります。

現在でもすでに、さまざまな配信方法によってメジャーなものからインディーズものまで幅広くアニメが制作されていますが、コンテンツ数に比例してアニメーターやクリエイターの数も必然的に増えてくるでしょう。

ただ、そうしたアニメーターやクリエイターのあり方もＡＧＩによって変わっていきます。原画にしてもこれまでのような大人数での分業制ではなくＡＧＩに任せることができ、人間のアニメーターやクリエイターがひとりでひとつの作品を作って世に出していける時代が来ても何ら不思議ではありません。

一番重要な「アイデア（企画）」の部分を人間が担い、後の作業はＡＧＩがやってくれる。そうなれば、「ひとりスタジオジブリ」で大成功を収めることもけっして夢ではないのです。

ＡＧＩで新商品開発は成功するか？

「ＡＧＩが実現したら、世の中をあっと言わせるような新商品を開発することができるんじゃないだろうか」

そんな期待を胸に、今からワクワクしているビジネスパーソンも多いのではないでしょうか。たしかに、ＡＧＩは学習した既存の膨大なデータや無数のアイデアを組み合わせることで、人間には思いつかなかった新商品やサービスを生み出すことができるでしょう。

ただし、ここにはひとつの大きな落とし穴が潜んでいるというのが私の考えです。それは、「どこもかしこもＡＧＩに依存した新商品やサービスの開発を推し進めるとどうなるのか」ということです。

おそらく、どこよりも早くＡＧＩを導入して新商品やサービスを世の中に送り出した企業はそれなりに成功し、利益を得ることができるでしょう。ですが、問題はそのあとです。そうした成功事例を目の当たりにし、「よし、わが社も続け！」とライバル各社が一斉にＡＧＩを導入し、新商品や新サービスを開発すると、結果的には過当競争になり、どこもかしこも似たような新商品やサービスになってしまう。すると、ビジネスとして成功する確率は大きく下がってしまいます。

そう考えれば、いくらＡＧＩが新しい商品やサービスを提案しようとも、やはり最後に求められるのは人間のクリエイティビティだと認識しておくべきです。ＡＧＩによってマンネリ化したマーケットを打破するのは結局のところ、人間の役割なのではないかと私は思うのです。

これは私自身、長年の経験則からも導き出した結論ではあるのですが、新商品やサービスの輝きというのは、やはりクリエイターのひらめきや情熱だということです。血が通い、さまざまな意識を持った人間から、いつの時代もとんでもないものが生み出されているからです。過去のデータやマーケット調査からだけでは、絶対に生まれないものがあるのです。

先日も、バンクーバーに行き、お土産でチョコレートを買ってきたのですが、これがなかなか面白いチョコレートでした。種類が豊富でいろいろな味が楽しめるのですが、その中のひとつに激辛味というものがあったのです。

私は「これはないだろう……」と思ったのですが、ふと見たらその激辛チョコが賞をとっているではありませんか。試しに食べてみると、今までに食べたことがない不思議な味がしました。もしかしたらこれは病みつきになる人がいるのかもしれない。そう感じました。

おそらく、そんな激辛チョコはＡＧＩではきっと提案してこないでしょう。そこに人間ならではの遊び心が存在するのです。


科学畑の私が誤解を恐れず言えば、ＡＧＩの新商品やサービスの開発には、魂が入ってないということです。もちろん、それでも売れるものはあると思うのですが、長期的にそれが支持されるかといえば、違うのではないでしょうか。なぜなら、人間はそうした〝あざとさ〟のようなものを見透かす生き物だからです。「これってＡＧＩが開発した商品らしいよ。何かいいけど、ちょっとあざといよね」という話にきっとなってしまうでしょう。

その一方で、売れるかどうかわからないけど「単にＡＧＩに頼って商品やサービスを開発するだけじゃむなしい。これは俺たちが面白いから作ったんだ」という、ある意味で開き直っている人たちのストーリーや熱量のようなものが多くの支持を得られたり、共感されたりすることもあるのが新商品や新サービスを開発する難しさでもあり、魅力でもあるのです。

農業もＡＧＩによってイノベーションが起こる

意外と思われるかもしれませんが、農業はＡＩと相性がいい職業のひとつだと私は考えています。

現在、農業労働者数は年々減少の一途をたどっています。農林水産省の統計によると、自営農業に従事する基幹的農業従事者（個人経営体）の人数が、２０１５年にはおよそ１７５万人だったのに対し、２０２３年ではおよそ１１６万人にまで減少しているようです。農業労働者の高齢化や後継者不足が主な要因であり、農業のＡＩ化が急ピッチで推し進められているといいます。

ここで、私が興味深いなと思った事例を2つご紹介しましょう。

まずは、AIを搭載した自動運転で稼働するトラクターやコンバインです。

AI技術によるセンサー感知やデータ解析、さらにはGPSの活用により、畑や田んぼの状態などを正確に把握することで、精度が高いトラクターやコンバインの自動運転が可能となりました。

従来、トラクターやコンバインといった農機の運転には熟練者の技術が必要とされていましたが、自動農機の性能が向上したことで、農業の担い手不足解消が期待されているのです。

続いては、農薬散布量の調整です。

従来の農薬散布は、一般的に畑や田んぼ全体に対して行われていました。

ところが、この散布方法では農薬の必要のない農作物やその他の植物や土壌などにも農薬が散布されることになります。

ＡＩを使って害虫が発生している箇所をピンポイントで見つけられれば、必要最小限の農薬量に抑えることが可能です。それを実現させるためのＡＩドローンを開発したのが佐賀県と佐賀大学、そしてオプティムというＩＴベンチャー企業です。

このドローンは農業では初めてＡＩのディープラーニングを活用し、ドローンが飛んでいる最中に害虫の居るところを探し出し、農薬をピンポイントで吹き付けることに成功したといいます。

これにより、農薬代や農薬を散布する人件費を削減できるだけでなく、消費者の食の安全性や環境への配慮も期待できるというわけです。

ほかにも、ＡＩを活用した事例は多くあります。

例えば、安定した集荷量を供給するために、ＡＩを使った予測システムがあります。どれだけの収穫量が見込めるのか事前にＡＩで予測することで、今まで勘だけに頼っていた予測がより正確になり、安定した収益をもたらしています。

また、農業は昔からの熟練の技術やノウハウが代々受け継がれてきたわけですが、そうした技術をＡＩによって可視化し、新たな農業の担い手を生み出すことも可能となったのです。

こうしたＡＩ活用もさることながら、私が近い将来期待するのが「ＡＧＩ農業」です。例えば、これまでのＡＩロボットでは実現できなかったヒューマノイド型の人体ロボットが果物の収穫をしてくれる。何だかとてもワクワクします。

お米の収穫と違って果物の収穫を機械に頼らず人間が担ってきたのは、色や形で完熟度を見極め、果物が傷つかないような力加減で果実を摘み取る必要があるからです。

ＡＧＩのヒューマノイド型ロボットが、こうした収穫時期を画像認識システムで見極め、さらには人の手のような人工皮膚で果物の収穫ができるようになれば、それこそ農業界における大きなイノベーションとなるのではないでしょうか。

農業という職業は、いわゆる「３Ｋ」というイメージが先行していますが、労働的にきつい部分をＡＧＩのヒューマノイド型ロボットが担ってくれようとしています。先に述べた果物の収穫にしても、人間であれば体力的に4、5時間が限界なのに対し、ＡＧＩロボットは24時間稼働でき、人間が寝ている夜間にも稼働できることで生産性がアップすることでしょう。

こうしたＡＧＩによるメリットは果物のほかにも、野菜などにも当然応用でき、収穫から選別、箱詰めまでを自動化できる可能性を秘めているのです。

ＡＩとスポーツビジネスの関係は相性が抜群

もうひとつ、ＡＩと相性がいいのがスポーツだと私は考えています。

勝敗を競うスポーツの世界において、近年ではＡＩを活用するケースも多くなってきています。実際にＡＩを活用することでスポーツの世界でどのような変化が生まれているのでしょうか。また、ＡＧＩが実現したときのスポーツビジネスの世界はどのような可能性を秘めているのでしょうか。まずは、スポーツにおけるＡＩ活用の事例について考察してみたいと思います。

現在、サッカーの試合における最先端テクノロジーといえば、「ＶＡＲ」ではないでしょうか。ＶＡＲとは、「Video Assistant Referee（ビデオ・アシスタント・レフェリー）」の略称で、簡単にいえば試合会場に複数のカメラを必要な位置に配置して、主審の判定が難しいケースなどで映像を確認し、主審が公正で公平な判定ができるようにする仕組みです。

ワールドカップでは、2018年のロシア大会から導入されましたが、これだけではAI活用ではありません。

ところが、2022年のカタール大会では、オフサイドやゴール判定を助けるAI搭載カメラシステムもプラスされました。カタール大会の1次リーグ、日本対スペイン戦で起きた「三笘の1ミリ」を演出したのも、まさにこのAI搭載カメラでした。

それでも、現時点ではVARの役割を与えられた審判員、すなわち人間が判定を担当しているわけですが、AGIが実現すればVARの役割をすべてAGIが担うことになっても何ら不思議ではありません。

AGIが実現すれば、審判の判定はほとんどAGIが担うことになり、人間の審判は一人、何か重要な局面で仰ぐ存在になるでしょう。

続いては、AIによる戦略や分析についてです。

AIが最も得意とする分析や予測といった能力をサッカーの戦術に活用する動きも活発化しています。従来であれば、分析担当のスタッフが対戦相手や過去の成績などのデータを分析し、その分析結果をもとに監督が戦略を立てていました。

ところが、ＡＩを活用することで、より高度な分析や予測を行えるようになりました。ＡＩを活用することで従来人間のスタッフが分析しきれなかったデータを高い精度で分析できるようになり、チーム戦術や対戦相手の動きをシミュレートすることがひとつのスポーツビジネスとして成立するのです。


ひとつ興味深い事例をご紹介しましょう。

グーグル・ディープマインド（Google DeepMind）が開発した新たなＡＩ、「TacticAI（タクティックＡＩ）」という新たなＡＩがあります。

このＡＩは、世界ビッグクラブのひとつであるリバプールＦＣの選手が実行したコーナーキック７１７６本のデータセットを分析し、コーナーキックをゴールに結びつける確率を最大限に高めるための選手の配置や、前線に送り込む選手のベストな組み合わせを提案することができるＡＩです。

今後、ＡＧＩが実現すればコーナーキックだけでなく、さまざまなセットプレーについての分析も精度が高くなり、サッカーにおけるセットプレーの重要性に大きな変化をもたらすかもしれません。

こうした高度な分析や予測もさることながら、ＡＧＩが実現すればサッカーだけに限らず、すべてのアスリートが高いパフォーマンスを継続的に発揮するためのコンディション管理などにも応用されることでしょう。

さらにＡＧＩが実現した場合の最も大きな変化は、アスリートにとってＡＧＩが優秀なパーソナルトレーナーになることです。

より高い精度で個々のコンディションデータを収集しながら、そのデータをもとに最適なトレーニングメニューをつくり、実行させるだけでなく、食事の管理、怪我の予防などすべての管理につなげていくことができるようになる。どんなスポーツでも一人ひとりにコーチと栄養士がついて24時間付き合ってくれるのです。スポーツビジネスにおけるＡＧＩの活用にも、さまざまな可能性が広がっていくと思います。

ＡＩ時代だからこそ求められる「アナログ体験」

皆さんの中には、自分の健康状態の管理をするために、ＡＩが搭載されているスマートウォッチを、運動や体力づくりのサポート機器として利用している人もいるのではないでしょうか。

スマートウォッチは、「ウェアラブル・デバイス」とも呼ばれています。「ウェアラブル（Wearable）」とは、「身につけられる」という意味を持ち、「ウェアラブル・デバイス」とは「身につけられる端末」という意味です。

スマートウォッチには以前からＡＩが活用されていますが、生成ＡＩの急速な進化に伴って急ピッチで次世代型の開発が進められています。それにより、近年ではそうしたＡＩに焦点を当てて「ウェアラブルＡＩ」という言葉も生まれているようです。ある市場調査によれば、こうしたウェアラブルＡＩ市場は２０３１年までに約２２００億ドル（約34兆円）にまで達すると見込まれています。

こうしたウェアラブルＡＩ市場がこれからも右肩上がりで成長していく一方で、一生使い続けることのできる機械式時計の魅力が再認識されているのをご存じでしょうか。

機械式時計の魅力とは、熟練の職人さんがひとつひとつ丁寧にパーツを磨き、その複雑な構造を精巧な技術によってつくられた時計だということ。だからこそ、今もなお機械式時計は多くの人々を魅了し続けているのではないでしょうか。

機械式腕時計はとても高価な時計として知られており、各部品の摩耗などで定期的なオーバーホールを必要としますが、職人さんが丁寧に分解・洗浄を行うことで永続的な稼働が期待できるのです。


ここで、スマートウォッチと機械式腕時計の話を取り上げました。

これからの時代はＡＩがどんどん進化し、どんどん便利になり、しかもどんどんカスタマイズできるわけですが、そこに付加価値をどう担保していくかというのが、この先10年のビジネスにとってすごく大事なポイントになってきます。それを皆さんにお伝えしたかったのです。この先、さらにビジネスにおける舵取りが難しくなっていくでしょう。ただ、だからこそ、このＡＩ時代にどのような付加価値をもたらすことができるのか。そのキーワードは、「アナログ体験」です。

ＡＩがますます進化すればするほど、私たち人間にとっての付加価値とは、「いかにアナログ体験ができるか」だと私は考えています。

私はカメラが好きなのですが、カメラの世界も時計と同じです。

高性能のデジタルカメラが市場を席巻しているわけですが、その一方でアナログカメラが未だに人気を博している。なぜなら、瞬時に写真を撮りたいときはデジタルカメラのオート機能で十分ですが、カメラ好きというのは自分で絞りやシャッタースピード、感度のダイヤルを調整しながら撮りたいと考えている。これこそがアナログ体験の醍醐味なのです。

ほかにも、今は音楽を聴くときには配信が主流ですが、あえてアナログのレコードを買って、自分で針を落とす。そんなアナログ体験がひとつのマーケットとして根付いています。

そうしたアナログな体験をいかにこのＡＩ時代に与えることができるか。それこそが、これからの新しいビジネスの趨勢であると、私は想像しているところでもあるのです。

第6章

AGIの実現で私たちが直面する課題やリスク

ＡＩに対して不安を抱く人たちの共通点とは

本章ではＡＧＩが夢の技術から現実のものとなったとき、私たちが直面する課題やリスクにどう向き合っていくのかを考えていきたいと思います。

ＡＩに限ったことではなく、現代社会ではテクノロジーが急速に発展しています。こうしたテクノロジーの発展に恩恵を受ける一方で、格差や不平等といった問題が出てきているのも事実です。こうしたリスクを目の前にすると、たちまち多くの人が不安を抱きます。一方で不安を抱いていない人もいます。いったい何が違うのでしょうか。

私が考える一番の要因は、そのテクノロジーの仕組みを知っているか、知らないかということだと思います。ＡＩの仕組みを理解していない人はＡＩに対して不安を抱きやすく、仕組みを理解している人は不安を抱くことはありません。

特に、新しく出てきたテクノロジーに対して、ブラックボックスの部分が大きければ大きいほど不安は増大します。それはある意味当然のことかもしれません。例えば、このようなケーススタディではどうでしょうか。

「飛行機はなぜ空を飛べるのか？」

皆さんは、こんな質問を投げかけられたとき、ちゃんと答えられるでしょうか。

簡単に言えば、飛行機が空を飛べるのは、エンジンによる推進力で前に進み、空気の流れによって揚力（物体の動きに対して垂直方向に働く力）が重力よりも大きくなるからです。

では、何百トンもの重量を誇る飛行機に乗ることに不安を抱く人が少数派なのはなぜでしょうか。それは、飛行機がどのようなテクノロジーで空を飛ぶのか、ある程度理解している人が多いからです。

米国家運輸安全委員会（ＮＴＳＢ）の調査によれば、飛行機事故で死亡する確率は０・０００９％だそうです。この数字を明確に知らなくても、飛行機が世の中で最も安全な乗り物であるということはご存じの方も多いはずです。物理学を勉強したことやライト兄弟のストーリーを読んだことがあるから、飛行機が飛ぶことについてなんとなく自分の知識とつながっている。だから、飛行機に乗ることにそれほどの不安を抱かないわけです。

最近でいえば新型コロナウイルスのワクチンも不安を抱く要素でした。ウイルスの変異に伴って新しいワクチンが出てくると、「そんなワクチンを打ってほんとうに大丈夫だろうか」と不安になった人も多いはず。これも、ブラックボックスの部分が大きければ大きいほど、不安が増大するからです。

では、そうした不安を一掃する手はあるのでしょうか。

解決方法はいたって簡単です。自分がまだ知らないテクノロジーのブラックボックスの中身を勉強すればいい。大枠の仕組みを理解するだけでもいい。そのテクノロジーの詳細を学ぶというよりも、何らか自分なりの理解があれば、不安が解消されるからです。

ＡＧＩの場合も同じで、不安に感じている人の多くは、ブラックボックスの部分が大きいからです。だとすれば、ＡＧＩの大まかな仕組みや便利さがわかれば、不安を抱くことはありません。

ＡＧＩに意識を持たせるべきなのかの議論

ＡＧＩは人間の認知機能を学習させることで、やがて人間のような考えを持ち、感情を理解するようになるといわれています。

このようなことを書くと、「もし人間がＡＧＩに〝無茶ぶり〟なタスクを与えたり、無理難題な質問をしたりしたら、いきなりＡＧＩがキレてしまうのでは⁉」などと不安に思っている方もいるかもしれません。

私たち人間の中には、感情の起伏が激しい人、喜怒哀楽がはっきりしている人たちが大勢います。では、ＡＧＩも人間の認知機能を学習させることで感情の起伏が激しいＡＧＩや喜怒哀楽がはっきりしているＡＧＩになってしまうのか。

答えはノーです。

私たちの感情は主に脳の「大脳辺縁系」と呼ばれる部位で生成されています。大脳辺縁系とは、うれしいことや楽しいこと、逆に悲しいことや不安なことなどの価値判断を下す「扁桃体」や記憶を司る「海馬」などの複数の部位で構成されています。私たちはある情報が脳にインプットされると、それが大脳辺縁系に伝達され、さまざまな感情として表に出てくる。これが感情のメカニズムです。

こうしたメカニズムをもとに考えれば、あくまでもＡＧＩは冷静沈着に人間の感情を分析しつつ、感情があるかのように振舞うのが限界なのです。

つまり、ＡＧＩが人間のような考えを持ち、感情を理解するようになるという真意は、ＡＧＩに感情があるというよりも、あくまでもＡＧＩが人間の感情を学習したうえで適宜対処しているというほうが正しいのかもしれません。

今後、もしかしたら「ＡＩをどんどん人間に近づけましょう」という動きが活発化してくるかもしれません。でも、私はあまりそちらの方向にＡＩを進化させるのは反対です。それは人間を見ていれば一目瞭然で、人間でも感情のコントロールができない人がいれば手を焼くわけですから、それがたとえＡＩであっても感情のコントロールができないものを開発してはいけないのです。

感情とは、すなわち意識の問題でもあります。

わかりやすい例でいえば、ＡＧＩで軍事兵器としてロボット兵士を作った場合が考えられます。

１体のＡＧＩロボットで人間の兵士１００人分の働きをプログラムしたとします。そうすれば、命令に逆らわず正確に任務を実行し、たとえ通信が途絶えても自分の判断で任務をこなす、いわば万能兵器が誕生するわけです。それでもそれは人間の兵士がロボット兵士をコントロールできるからであり、何らかの方法で人間がロボット兵士のスイッチを切ることだってできるからです。

ところが、ＡＧＩロボットが人間のように意識を持ってしまったら「いや、お前にスイッチは切らせない」と言って反撃してくるかもしれない。そうなればたちまち万能兵器が敵と化してしまう恐れがあるのです。

おそらく、今後も「ＡＧＩに意識を持たせるべきかどうか」という議論は続いていくでしょう。

ただ、そこに歯止めが利くかどうかがブラックボックスであって、ブラックボックスの中で何が起きているのかということを人間が理解し続けていけるのか。それとも、ＡＩが自分のプログラムを自分で生成するようになったときに、意識を獲得してしまうのか。ＡＧＩに「人間なんて大した生き物ではない」と思わせてはいけないのです。

国内外で相次ぐＡＩを利用した犯罪や不正とどう向き合うか

ＡＩ革命。ＡＩテクノロジーの進化。そして、ＡＧＩの実現。

表向きには、実に聞こえのいい言葉です。なぜなら、こうしたイノベーションが私たちのビジネスや暮らしをより便利に、快適にしてくれているからです。

しかし、こうしたイノベーションの裏には必ずといっていいほど、テクノロジーの進化による犯罪や不正といったリスクがつきものだということも理解しておかなければなりません。

特に、生成ＡＩの急速な進化によって、国内外でさまざまな犯罪や不正が起こってしまっています。いくつかの事例をご紹介しましょう。

まず、最近私の耳に入ってきたニュースとして、生成ＡＩで作られたとみられる児童の性的画像がウェブ上に大量に出回っている問題です。

この問題に対し、国は具体的な裁判事例が出ない限り、何らかの見解や措置を示す可能性は低いようです。

続いての事例は、SNSで有名人や著名人を利用した無許可の投資広告についてです。FacebookやX（旧ツイッター）などで、有名人や著名人が投資を促す広告を目にする機会が急増しています。

生成AIを利用した画像の合成技術により、本物の有名人や著名人とまったく遜色のないフェイク画像によって仮想通貨などの偽の投資話を持ち掛けられ、多くの被害が出ています。

こうした事態に対して、実業家の前澤友作さんがFacebookを運営するメタ社などに対して損害賠償を求めた裁判を起こしました。でも、SNSの運営側が取り締まりを行えていない現状からすると、減少する兆候は今のところ見られていません。

ほかにも、2023年に、全国の学生の将棋日本一を決める「学生名人戦」で優勝した学生が、対局中に将棋AIのアプリを使用していたとして失格となるという驚きのニュースもありました。

優勝した学生が何度も対局中に離席を繰り返していたことで全日本学生将棋連盟がこの学生に話を聞いたところ、対局中にスマートフォンを所持していたことがわかり、将棋ＡＩのアプリを使用していた形跡が見つかったということです。

海外では、中国メディアが驚きのＡＩ詐欺事件を報じました。

ＩＴ企業の代表を務める男性に、あるビデオ通話で連絡がありました。ビデオに映っていた相手の顔と声は、ＩＴ企業の代表を務める男性の友人だったそうで、その友人から「お金を貸してほしい」と依頼され、信じ込んでしまった男性は４３０万元（約８４００万円）を振り込んだそうです。

その後、本物の友人に電話すると、生成ＡＩを使って動画や音声を本物そっくりに加工できる「ディープフェイク」と呼ばれる技術が悪用された詐欺だとわかったというのです。

こうしたいわゆる「なりすまし詐欺」はアメリカでも多発しているようです。

ワシントン・ポストによると、２０２２年だけでも１１００万ドル（15億円）の被害があり、その多くが生成ＡＩで被害者の家族や友人そっくりに作った音声にだまされたというのです。

ＡＩの悪用に歯止めはかけられるのか？

ＡＩを開発するのは人間の「叡智」であるということは、言うまでもありません。ただ、その人間の叡智がどんなことに利用されるのか。それは、決していいことばかりではないということも知っておかなければなりません。

ひとつ事例を挙げるならば、ＡＩの軍事利用についてです。

ＡＩの軍事利用をめぐり、世界各国で開発が急ピッチに進んでいるのをご存じでしょうか。実際に、すでにウクライナやイスラエルではＡＩを利用したドローンや兵器が使われています。

なかでも、ＡＩの最新技術を駆使してドローン同士で連携し、数千台の群れで動くことができる新型ドローン「Ｖ－ＢＡＴ」や、標的の選定から攻撃までを人間の指示がなくても遂行できる「ＬＡＷＳ（自律型致死兵器システム）」と呼ばれるＡＩ兵器があります。

こうしたＡＩ兵器の軍事利用について、これまで国際的なルールや取り締まりがありませんでしたが、２０２４年に入ってようやく具体的な規制を検討する会議が開かれるようになりました。なぜなら、こうしたＡＩ兵器の軍事利用によって、軍事大国はできれば自分たちが開発を先行し、外交的に優位な交渉を進めたいという思惑が見え隠れしているからです。

ただし、テロ組織などがこうしたＡＩ兵器を悪用する恐れもあるので、国際的なルールや法改正を急ぐ考えを示していかなければなりません。

結局のところ、テクノロジーというのは常に諸刃の剣だといえます。いわば光と影が必ず存在していて、残念ながら影の部分が強い場合が多いのです。

人間の欲望や性が強烈に渦巻き、そういう影の部分を狙って頭のいい人間がビジネスでひと儲けしようと悪知恵を働かせるのです。

例えば、ニューヨーク・タイムズがOpenAIとMicrosoftに対し、「数十億ドル」の損害賠償責任を求める訴訟を提起したニュースは有名です。

ニューヨーク・タイムズといえば、発行部数でアメリカ国内でも3本の指に入る有力紙ですが、ChatGPTが許可なくこのニューヨーク・タイムズの記事を利用したことで、購読料や広告収入の機会を奪っていると主張したのです。

この訴訟は、まさにＡＩにおける「著作権問題」として大きな議論を呼び起こしています。

また、アメリカの人気ドラマ「ゲーム・オブ・スローンズ」の原作者であるジョージ・Ｒ・Ｒ・マーティンなどの作家たちもまた、「ChatGPT」が彼らの著作権を侵害しているとして、OpenAIに対して訴訟を起こしました。

この訴訟では、ChatGPTが作家たちの許可もなく著作物のデータを生成ＡＩの言語モデルの学習に使用したことが問題視されています。

これら2つの訴訟における共通点は、文章における著作権問題ということです。文章に関しては、現状チェックできるソフトウェアが開発されており、ネット上に類似の文章がないかというのはチェックしてくれます。ところが、画像やイラスト、あるいは楽曲などの場合は、まだそこまでチェック機能が進んでおらず、著作権の侵害にあたるかの判断がなかなか難しいのが実情です。

プロンプトに著作物を入力すると著作権侵害になるのか

2024年、私は「生成AIとジャーナリズムの行方」というシンポジウムに参加させていただいたのですが、そこに福岡真之介さんという弁護士の方が来ていました。福岡さんはこのシンポジウムで、「生成AIと著作権」というテーマでお話しされていたのですが、とても興味深い話だったので紹介したいと思います。

一般的に、生成AIの学習に他者の「著作物」が用いられていたとして、それを公に発表してお金を儲けようとした場合は、著作権侵害にあたる可能性があるのです。

ちなみに、著作物とは、思想または感情を創作的に表現したものであり、文芸、学術、美術または音楽の範囲に属するものと定義されています。これらの複製や公開、譲渡といった特定の利用に制限がかけられているのです。

さて、福岡さんのお話にあったのは、プロンプトに他人の著作物を入力することで著作権侵害になるのか、という問題です。私たちビジネスパーソンは生成AIを使うときにそこまで考えてはいないわけですが、さすがは法律家です。

例えば、宮崎駿さんの作品をプロンプトに入れて、「ジブリ風のおもしろい映画の脚本を作って」などといったようなことをやってしまう人が出てくる可能性が高い。それにどう対応するかというような話も出てきていました。福岡さんは弁護士ですから、当然のように法律が話の基準となります。

前述したように、著作権法では著作物を「思想または感情を創作的に表現したもの」と定めています。

このような定義に照らし合わせると、プロンプトの表現に創作性があり、一定の思想や感情の表現が認められると判断されると、著作物と認められる可能性があります。

一方で、プロンプトの入力が一般的な名詞を単純に掛け合わせただけの場合においては、プロンプトの表現に創作性がないと判断されるため、著作物と認められない可能性があります。

こうした問題は実際にとても複雑なようで、著作権が認められるかどうかについては、著作権法に定める著作物にあたるかどうかが焦点となり、最終的には司法の場において判断されることになるようです。

もちろん、私たちは法律家ではありません。ただ、人間を例に考えるといろいろなことが少しずつ解けてきます。

私のような作家を例に例えると、作家という仕事は言語を勉強しなければなりません。だからたくさんの本を読みます。つまり、いろいろな著作物をインプットしながら、そこから創作活動が始まるわけです。

著作物を自分で消化した後に自分のオリジナル作品を創作すれば、著作権の侵害にはあたりません。それであれば、ＡＩも同じではないでしょうか。

さらに、ＡＧＩにいろいろな著作物を学習させたとします。そこから生成された著書が著作権を侵害しているかどうかという判断は、その本を読んだ人がするしかない。「いや、これは○○さんの本にそっくりだ」となったらアウトなわけです。

ただ、もしかしたらＡＧＩが実現するころには、作品のオリジナル度を判断するＡＩが開発されているかもしれませんが。

ＡＩを使ったときは、使ったと自己申告すればいい

「ＡＩを活用したけど、著作権侵害にあたらないかな」

きっとこれから先も、ＡＩが私たちの生活やビジネスに活用されればされるほど、このようなリスクがつきまとうでしょう。

私は法律家ではありませんが、私の考え方は実に明確です。

「ＡＩを使ったときは、使ったと自己申告すればいい」

たったこれだけで、大きな問題に発展することはまずないと言えるでしょう。

例えば、私は翻訳の仕事もやっています。翻訳ＡＩを使ったときには、注釈やクレジットで「この部分はＡＩを使いました」と申告しています。そして、最終の仕上げは私自身がやりましたということを正直に書くわけです。

結局のところ、著作物と定められているものを制作するクリエイター達が、基本的にそのプロセスを明確に示すという習慣を身につけることで、おおよその著作権侵害を回避することができるはずです。

社会がそうした制作プロセスを知ることで、「ああそうか、この部分はＡＩを使ったけど、最終的なところは人間がやっているんだな」となれば、著作権に関する問題はクリアになるでしょう。

常に人間がやったのかＡＩがやったのかを明示的にしておく。それによって生まれるメリットもあります。それは、人間がやったものへの付加価値です。

人間がやったのかＡＩがやったのかを曖昧にしておくと、やはりこれからの時代において付加価値というものは生まれません。

私はこのＡＩ時代、そしてさらにＡＧＩ時代に突入すると、私たち人間の価値体系が大きく変わってくると考えています。

「この作品はすべて人間によって作られました」

これが大きな付加価値へと結びついていくでしょう。

翻訳本でも、人間がすべてやるとなると時間にしておよそ3カ月、コスト的にも100万円はかかります。ただ、そうして作られた翻訳本には、人間ならではの翻訳センスがちりばめられ大きな価値がつきます。

一方で、一冊の翻訳本をＡＩで翻訳すればたった3分。コスト的にも１０００円で済む。多少翻訳のクオリティが低くても大量生産、低価格を実現できるのであれば僕はそれでもいいと思うのです。

「これは人間がやったから高いんです」「これはＡＩがやったから安いんです」。こうしたことは翻訳本に限らず何においても同じではないでしょうか。

そしてもうひとつ、私がここで書いておきたいことがあります。それは、法律によってテクノロジーを潰さないでほしいということです。

もし私たち日本人がこれからの未来でＡＩをうまく活用していきたいと考えているのであれば、やはりこの国の政府や法律に携わる方たち、さらには法律の勉強をしている学生たちにも、もっと科学の知識を身につけていただきたいと切に願ってやみません。

今のこのＡＩ時代というのは、まぎれもなく法律よりもテクノロジーの方が先に進んでいます。それを肌で感じるからこそ、福岡さんのように法律家でありながらＡＩを真剣に勉強している人もいるわけです。

そうした科学の知識を知ることで、はじめてそれに応じた法律の運用ができるようになるのです。

ChatGPTを用いたカンニングや替え玉などの不正行為

テクノロジーの世界は「いたちごっこ」だといわれます。

サイバーセキュリティがその好例です。技術を尽くしてサイバー攻撃を防ごうと対策を講じても、しばらくするとハッカーなどが新たな技術を用いて防御の壁をかいくぐって侵害しようと試みる。それにまた対策を講じて新しいセキュリティ技術を開発する。この構図はＡＩも例外ではなく、ＡＩが進化すればそれを悪用しようとする者が現れ、それに対策を講じる者とのいたちごっこが繰り広げられるのです。

生成ＡＩのChatGPTは現在ビジネスを中心にさまざまな方が活用していると思いますが、一部の教育者の頭を悩ましていることも事実のようです。

ペンシルベニア大学の研究チームが、ChatGPTに同校のＭＢＡの最終試験を受けさせる実験を行い、見事に合格点を獲得したことを発表しました。

また、日本の大学入学共通テストの英語のリーディング問題で１００点満点中77点を取ったことなどが話題になり、その〝能力〟を悪用する人も出てきているようです。

近年、オンライン試験が新たな試験方法になりつつあります。オンライン試験とは、試験会場まで足を運ばずに、自宅などからＰＣやタブレットなどを利用して試験を受ける方法です。現在、オンライン試験は大学受験や資格試験など幅広く実施されており、コロナ禍を経て急速に浸透してきています。

ところが、これまでの試験とは異なり、受験者を監視するのが難しくなったため、ChatGPTを用いたカンニングや替え玉などの不正行為を見抜くことができないという問題が持ち上がっているのです。

ＰＣ画面に解答を入力するだけの試験であれば、スマホなどを片手にChatGPTでカンニングをしたり、受験者本人ではない人間が受験者になりすまして解答する替え玉受験をしたりの不正がやりやすくなっているようです。

しかし、こうしたＡＩを活用した不正を見破るのもまたＡＩです。受験者の目線や動きをＡＩが自動解析できるため、不正行為の検知や防止につなげることができるといいます。受験生の目線や手や体の動きなどを映像から抽出し、カンニングの兆候を検出するのです。これにより、人間の目では見落としがちなカンニングも見逃さないため、今後オンライン試験ではＡＩによる監視が一般的になっていくかもしれません。

さらに、ＡＧＩが実現すれば、より巧妙なカンニング手法が誰かしらの手によって編み出されるかもしれませんが、これもやはりＡＧＩがそうした不正を防止するという、まさにいたちごっこが今後も繰り広げられていくのでしょう。

ただ、こうしたテクノロジーの進化やＡＧＩの兆候を見ていて私が感じていることのひとつに、「試験のあり方」にも変化が必要ではないかということがあります。世界の潮流では、ただただ暗記をして受ける筆記試験のようなものの重要度が減ってきているからです。

アメリカやイギリス、カナダなどの入学には日本のような一斉筆記試験はなく、学校の成績やエッセイ、あるいは課外活動の内容で総合的に判断されます。

日本では受験を筆頭に、まだまだ暗記だけの筆記試験が主流なのでＡＩを悪用したカンニングがしばらくは横行しそうですが、世界の趨勢を見ていると、ＡＩが台頭すればするほど、人間の頭の中に知識を蓄える必要はないという考え方が主流になっているのです。

最低限知っておくべき「ＡＩ倫理」

ＡＩ技術の急速な進化により、ＡＩが私たちの生活やビジネスを豊かなものへと変えてくれることはここまで述べてきた通りです。

その一方で、ＡＩが進化するにつれて、ＡＩの持つリスクが注目され、今では「ＡＩ倫理」という言葉が生まれ、重要視されています。

私たちはＡＩを生活やビジネスで活用する際に、その正しい活用方法を学ばなければなりません。

ここで、ＡＩを活用するにあたって最低限知っておいてほしいＡＩ倫理について２つの資料を紹介するとともに解説しておきます。

まず１つめの資料は、令和元年に総務省が発表した『ＡＩ利活用ガイドライン』というものです。ここでは「ＡＩ利活用原則」として10の基本理念が挙げられています。

❶適正利用の原則

利用者は、人間とＡＩシステムとの間及び利用者間における適切な役割分担のもと、適正な範囲及び方法でＡＩシステム又はＡＩサービスを利用するよう努める。

❷適正学習の原則

利用者及びデータ提供者は、ＡＩシステムの学習等に用いるデータの質に留意する。

❸連携の原則

ＡＩサービスプロバイダ、ビジネス利用者及びデータ提供者は、ＡＩシステム又はＡＩサービス相互間の連携に留意する。また、利用者は、ＡＩシステムがネットワーク化することによってリスクが惹起・増幅される可能性があることに留意する。

❹安全の原則

利用者は、ＡＩシステム又はＡＩサービスの利活用により、アクチュエータ等を通じて、利用者及び第三者の生命・身体・財産に危害を及ぼすことがないよう配慮する。

❺セキュリティの原則

利用者及びデータ提供者は、ＡＩシステム又はＡＩサービスのセキュリティに留意する。

❻プライバシーの原則

利用者及びデータ提供者は、ＡＩシステム又はＡＩサービスの利活用において、他者又は自己のプライバシーが侵害されないよう配慮する。

❼尊厳・自律の原則

利用者は、ＡＩシステム又はＡＩサービスの利活用において、人間の尊厳と個人の自律を尊重する。

❽公平性の原則

ＡＩサービスプロバイダ、ビジネス利用者及びデータ提供者は、ＡＩシステム又はＡＩサービスの判断にバイアスが含まれる可能性があることに留意し、また、ＡＩシステム又はＡＩサービスの判断によって個人及び集団が不当に差別されないよう配慮する。

❾透明性の原則

ＡＩサービスプロバイダ及びビジネス利用者は、ＡＩシステム又はＡＩサービスの入出力等の検証可能性及び判断結果の説明可能性に留意する。

❿アカウンタビリティの原則

利用者は、ステークホルダに対しアカウンタビリティを果たすよう努める。

もっと詳しく知りたいという人は、政府の定めるＡＩガイドラインなどの資料を読み込んでみてほしいとは思いますが、こうしたＡＩ倫理に関するガイドラインは日本だけでなく欧米を中心に盛んに議論されています。

例えば、ルール作りが好きなヨーロッパでは自分たちが利益を得ようと規制の方向に動いていますが、アメリカではわりと自由な方向に舵取りしているようです。

２つめにご紹介する資料は、ＰＷＣが作成したＡＩの開発／利活用における６つのリスクです。非常によくまとめられているので紹介させていただきます。

私たちはＡＩにこうしたリスクが伴うことを理解しながら、利活用していく必要があるのです。

AIの開発／利活用における6つのリスク

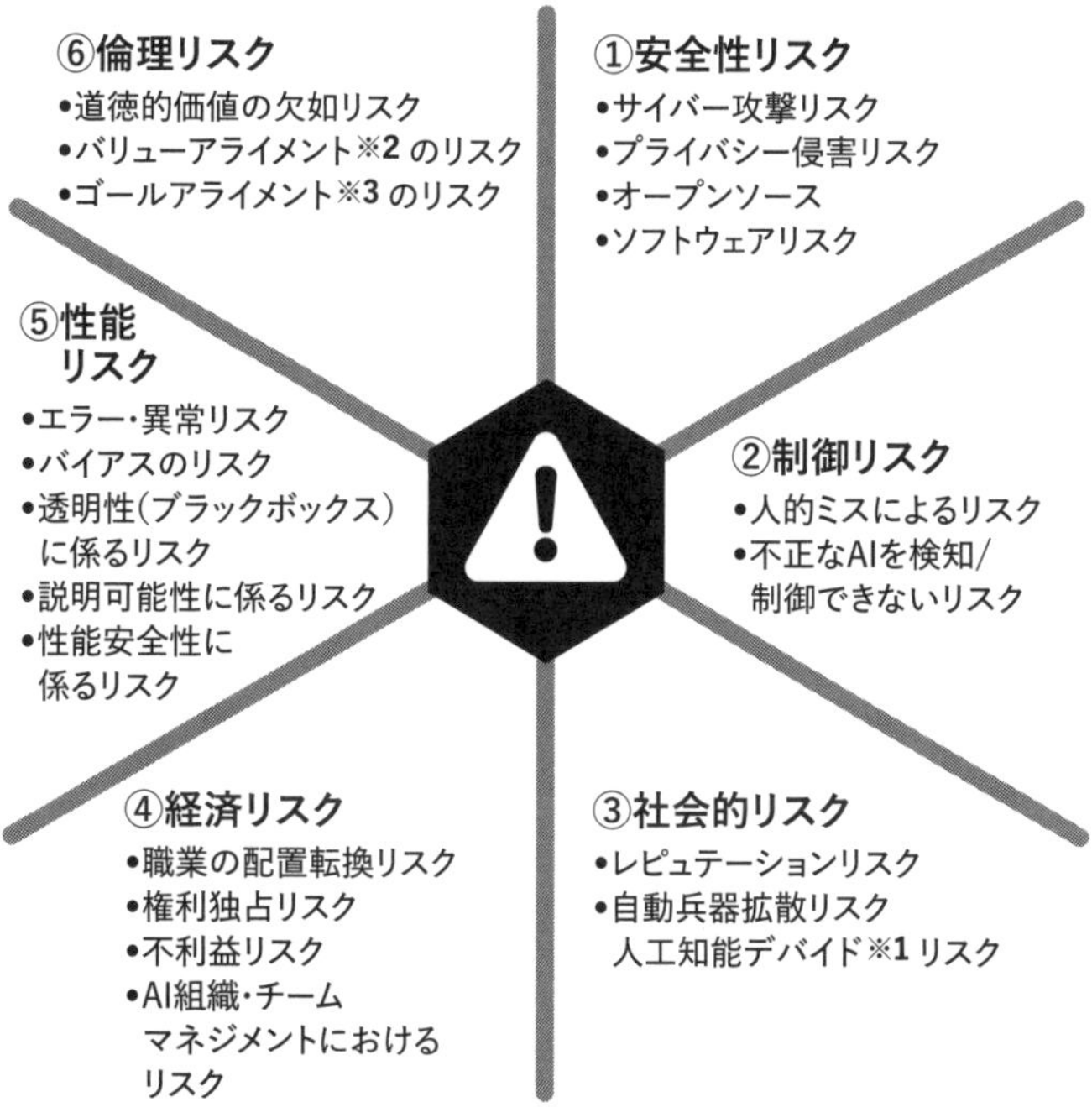

※1【人工知能デバイド】 人工知能の恩恵を受けられる人と受けられない人との間で、得られる情報や利用できるサービス、それに伴う収入の格差が生じること
※2【バリューアライメント】 機械学習の観点から見て人間の持つ価値観や倫理観を機械にどう学習させるかという問題
※3【ゴールアライメント】 人の目標と一致した目標をどういうふうに機械に学習させるかという問題

出所：PwC JapanグループHPより

おわりに　AGI時代は〝指示待ち〟ではなく主体的に生きる

最後までお読みいただきありがとうございます。

「AGIが実現したら、私たち人類にも、さらに無限の可能性が広がる未来が待ち受けているのだろう」

私自身、そんなふうに想像を膨らませながら考察を進めてまいりました。

今現在ではまだ開発段階にあるAGIですが、孫正義さんがおっしゃるように10年以内、いや、もしかしたら5年以内には私たちの目の前に登場し、瞬く間に世界を席巻するかもしれません。

夢物語から、現実のものとなるAGI。

それは、間違いなく訪れる未来。

手をこまねいているだけではいけません。

私が最後にここで皆さんにお伝えしたいこと。それは、「指示待ち人間」からの脱却です。

生成AIが登場するや否や、あっという間に世界で普及し、私たちのビジネスにさまざまな恩恵をもたらしています。すると、私たち人間は単に言われたことを指示通りにこなすというだけでは、仕事のスピードやクオリティといった部分で当然ながらAIには勝てなくなっているわけです。

このような時代の中で、ビジネスパーソンに求められる能力とは、自分の意識下で物事の判断や決断ができ、主体的に動けることです。なぜなら、これができなければあっという間にAGIに淘汰されてしまうリスクがあるのです。

ここではっきり申し上げるならば、AGIが実現すれば指示待ち人間は確実に要らなくなります。これは断言しておきましょう。

まだAIが今ほど普及していない頃であれば、言われたことを言われた通りにやるということでその人の存在意義があったわけですが、AGIが実現する未来において、指示待ち人間の存在意義はまったくなくなってしまうでしょう。

その理由は明白で、ＡＧＩの持つ能力は人間と比べて圧倒的なスピードとクオリティでアウトプットを返せるからです。

例えば、皆さんがＡ４の用紙１枚のレポートを書くのに１時間かかったとしましょう。ＡＧＩであればたった数秒で仕上げることができてしまうからです。


本書では、「強いＡＩ」「弱いＡＩ」という話をしましたが、幸いなことに現在はまだＡＧＩのような強いＡＩが存在していないからこそ、皆さんには今やるべきことがあると私は考えています。

その鍵を握っているのは指示待ち人間からの脱却であり、そのためには日頃から自ら考え、自ら決断し、そして自ら行動するという習慣を身につけていただきたいのです。

現状のＡＩは、意識を持っていません。

現状のＡＩは、身体性を持っていません。

つまり、意識と身体性こそ、人間がＡＩよりも優位性を保てる能力です。

これからの時代、指示を待つのはＡＩで、人間ではありません。自分の意識をフル活用し、圧倒的な行動力を身につければ、まだまだ私たち人間の存在意義は残されているのです。

最後になりますが、私の口述を文章表現にしてくれ、引用・参考資料をまとめてくれた出版プロデューサーの神原博之さんと、プレジデント社の髙田功さんに御礼申し上げます。

竹内 薫

第4章

NHKに聞く「人間のアナがいるのにAIがニュースを読む」理由
https://www.itmedia.co.jp/news/articles/2212/16/news141_2.html

PwC Japanグループ「2023年AI予測」
https://www.pwc.com/jp/ja/knowledge/thoughtleadership/2023-ai-predictions.html

アメリカの飲食業界でAIはどう活用される?
https://pos-cube.com/inshoku-keiei/trend/restaurant-ai-utilization/

【更新】RFIDタグを導入したユニクロから学ぶ他業界RFID活用のヒント
https://blog.rflocus.com/rfid-uniqlo/

量子コンピュータとは? 文系初心者向けに分かりやすく解説
https://www.softbank.jp/biz/blog/business/articles/202312/quantum-computer/

俳優はAIで置き換え可能? 米ストが求める同意と対価…共存の道は
https://www.asahi.com/articles/ASR9Y5T10R9SUHBI00D.html

AIに"役"を奪われる――ハリウッドの俳優組合がストライキ AIに危機感を強める俳優や脚本家たち
https://www.itmedia.co.jp/news/articles/2307/26/news084.html

"漫画の神様"に挑む AI×人間 半年密着
https://www3.nhk.or.jp/news/html/20231129/k10014270761000.html

Netflixが「画像生成AIでアニメ制作」してわかったAIの限界…『犬と少年』で挑戦したもの
https://www.businessinsider.jp/post-265291

Netflixがアニメ制作に生成AI、疲弊する現場を救えるか
https://xtech.nikkei.com/atcl/nxt/column/18/00001/07748/

ジブリが日テレ傘下に、職人集団は経済合理性とアートの「矛盾」を超えられる?
https://diamond.jp/articles/-/330060?page=2

農業へのAI導入事例15選！メリット・デメリット、スマート農業・自動化ロボットで変わる?【2024最新版】
https://ai-market.jp/industry/agriculture_ai/

<アグリ・ブレイクスルー> IoT、ロボット、AIで変わる農業
https://www.yanmar.com/jp/agri/agri_plus/information/075.html

サッカー戦術にも生成AIアシスタント、グーグル・ディープマインド
https://www.technologyreview.jp/s/331910/google-deepminds-new-ai-assistant-helps-elite-soccer-coaches-get-even-better/

スマホの次は"身に着けるAI"の時代到来か 「ウェアラブルAI」続々登場 企業はどう向き合う?
https://www.itmedia.co.jp/aiplus/articles/2404/25/news078.html

参考資料

はじめに

AGI（汎用性人工知能）とは？AIとの違いやAGI実現による社会への影響を解説
https://aismiley.co.jp/ai_news/what-is-artificial-general-intelligence/

第1章

「マッカーシー教授がまとめたFAQ（質問と回答）形式のAIの解説」
（一般社団法人 人工知能学会 原文：What is Artificial Intelligence）

チューリングテストとは？目的・やり方・本質をわかりやすく解説
https://aismiley.co.jp/ai_news/what-is-the-turing-test/

人工知能（AI）の歴史
https://www.soumu.go.jp/johotsusintokei/whitepaper/ja/h28/html/nc142120.html

第2章

【ディープラーニングとは】基礎知識と仕組み、活用事例をわかりやすく解説！
https://vnext.co.jp/v-blog/what-is-deep-learning.html

『オヤジも目覚める！ ChatGPT革命』（竹内 薫 著　徳間書店）

生成AIとは？AI、ChatGPTとの違いや仕組み・種類・ビジネス活用事例
https://www.brainpad.co.jp/doors/contents/about_generative_ai/

『AI時代を生き抜くための仮説脳』（竹内 薫 著　リベラル社）

第3章

僕が自分でフリースクールを作った理由
https://www.kouenirai.com/kakeru/magazine/ma_interview/15799

AI防災とは？ 導入が求められる背景やメリット、導入事例を解説
https://www.digital-innovation.jp/blog/ai-disaster-prevention

AIによる地震予測の仕組みを紹介！的中率・実現性は？
https://aismiley.co.jp/ai_news/what-is-ais-earthquake-prediction-mechanism/

【24年最新】太陽フレアとは？次の通信障害や影響を予測するAI
https://aisodan.com/news/121

「太陽フレア発生予測」『情報通信研究機構研究報告』Vol.67 No.1（情報通信研究機構）
https://www.nict.go.jp/publication/shuppan/kihou-journal/houkoku67-1_HTML/2021S-04-03.pdf

第5章

「航空機・列車における重大事故リスクへの対応」『リスクマネジメント最前線』2014 No.2（東京海上日動リスクコンサルティング）
https://www.tokio-dr.jp/publication/report/riskmanagement/pdf/pdf-riskmanagement-101.pdf

「AI犯罪」がやっぱり始まってしまった…最新の情勢は？　AI詐欺から身を守るには「合言葉」が効く
https://www.tokyo-np.co.jp/article/255568

国連 中満事務次長 AIの軍事利用"国際的な規制の策定急ぐ"
https://www3.nhk.or.jp/news/html/20240508/k10014442431000.html

AIで生成したものの著作権はどうなる？ 注意したいポイント
https://www.hitachi-solutions-create.co.jp/column/technology/ai-copyright.html

ChatGPTがMBA・経営学修士課程の最終試験に合格したという報告
https://gigazine.net/news/20230124-chatgpt-clear-mba/

オンライン試験でChatGPTなどの生成AIを悪用したカンニングをどう防ぐ？具体的な対策を解説
https://smarte.jp/media/basic/a18

総務省HP「AI利活用ガイドライン～AI利活用のためのプラクティカルリファレンス～」
http://www.soumu.go.jp/main-content/000809595.pdf

PwC Japanグループ「想定されるリスクと各国の法規制」
https://www.pwc.com/jp/ja/knowledge/column/ai-governance/ai-governance-risk.html

竹内 薫 Kaoru Takeuchi

サイエンス作家。ZEN大学教授。1960年、東京都生まれ。東京大学教養学部教養学科・東京大学理学部物理学科卒業。マギル大学大学院博士課程修了（専攻、高エネルギー物理学理論）。理学博士（Ph.D.）。大学院を修了後、サイエンスライターとして活動。物理学の解説書や科学評論を中心に200冊あまりの著作物を発刊。『99.9%は仮説〜思い込みで判断しないための考え方』（光文社新書）を出版し、40万部を超えるベストセラーとなる。

物理、数学、脳、宇宙……など幅広い科学ジャンルで発信を続け、執筆だけでなく、テレビ、ラジオ、講演など精力的に活動。2016年春からはYESインターナショナルスクール校長も務める。

スーパーAIが人間を超える日
汎用人工知能AGI時代の生き方

2025年4月14日　第1刷発行

著者　竹内 薫
発行人　鈴木勝彦
発行所　株式会社 プレジデント社
〒102-8641 東京都千代田区平河町2-16-1
平河町森タワー13F
https://www.president.co.jp/
https://presidentstore.jp/
電話 03-3237-3732（編集）
03-3237-3731（販売）
販売　桂木栄一、高橋 徹、川井田美景、
森田 巌、末吉秀樹、大井重儀、庄司俊昭
編集　髙田 功
制作　関 結香
印刷・製本　中央精版印刷株式会社

ISBN978-4-8334-4071-4